30 Minuten
bis zur effektiven
Besprechung

Die Deutsche Bibliothek – CIP-Einheitsaufnahme

Barker, Alan:
30 Minuten bis zur effektiven Besprechung / Alan Barker. Aus dem
Engl. übers. von Ingrid Proß-Gill. - Offenbach : GABAL, 1998
(30-Minuten-Reihe)
Einheitssacht.: 30 minutes before a meeting <dt.>
ISBN 3-930799-80-4

Aus dem Englischen übersetzt
von Ingrid Proß-Gill, Sankt Augustin

Redaktion: Sandra Klaucke, Frankfurt/Main
Umschlag und Layout:
Vitting & Wagner Kommunikation, Darmstadt
Satz: Borris Balzer, Frankfurt/Main
Titelbild (Fond): Sandra Winter, Darmstadt
Druck und Verarbeitung: rgg Druck, Braunschweig

© 1998 für die deutsche Ausgabe:
  GABAL Verlag GmbH, Offenbach
© 1997 der Originalausgabe: Alan Barker.
  Published by Kogan Page Limited, London

Hinweis:
Dieses Buch ist sorgfältig erarbeitet worden. Dennoch erfolgen alle
Angaben ohne Gewähr. Weder Autor noch Verlag können für eventu-
elle Nachteile oder Schäden, die aus den im Buch gemachten Hinweisen resultieren, eine Haftung übernehmen.

Printed in Germany

ISBN 3-930799-80-4

In 30 Minuten zu Wissen und Erfolg!

Dieses Buch ist so konzipiert, daß Sie in kurzer Zeit prägnante und fundierte Informationen aufnehmen können. Mit Hilfe eines Leitsystems werden Sie durch das Buch geführt. Es erlaubt Ihnen, innerhalb Ihres persönlichen Zeitkontingents (von 10 bis 30 Minuten) das Wesentliche zu erfassen.
In 30 Minuten können Sie das ganze Buch lesen. Wenn Sie weniger Zeit haben, lesen Sie gezielt nur die Stellen, die für Sie wichtige Informationen beinhalten.

- Alle wichtigen Informationen sind blau gedruckt.

- Schlüsselfragen mit Seitenverweisen zu Beginn eines jeden Kapitels erlauben eine schnelle Orientierung: Sie blättern direkt auf die Seite, die Ihre Wissenslücke schließt.

- *Zahlreiche Zusammenfassungen innerhalb der Kapitel erlauben das schnelle Querlesen. Sie sind blau gedruckt und daher leicht zu finden.*

- **Die Zusammenfassung am Ende eines Kapitels informiert Sie in Kürze über den Inhalt der vorhergehenden Seiten.**

- Ein Symbol signalisiert zusätzlich, wo wichtige Zusammenfassungen stehen.

- Ein Register erleichtert das Nachschlagen.

Inhalt

Vorwort

Sie sollen eine Besprechung abhalten, vielleicht sogar den Vorsitz führen. In 30 Minuten werden die Teilnehmer eintreffen. Mit welchen Gefühlen blicken Sie dieser Aufgabe entgegen?

Herausforderung und Chance

Eine Besprechung zu leiten, stellt für jeden eine besondere Herausforderung dar. Gutgestaltete Meetings tragen erheblich zum Erfolg einer Firma oder Organisation bei, andererseits können schlecht verlaufende Sitzungen beträchtlichen Schaden anrichten.

Denken Sie einmal an die letzte Besprechung zurück, an der Sie teilgenommen haben. War sie ein Erfolg? Falls ja – woran lag das? Vielleicht hatten alle Anwesenden den Eindruck, daß sie wirklich in den Prozeß der Entscheidungsfindung einbezogen wurden, daß man ihnen zuhörte und ihre Vorschläge ernst nahm. Daher waren sie voller Tatkraft, als sie den Raum verließen, und freuten sich schon auf das nächste Meeting.

Schlechte Besprechungen lassen sich vermeiden

Oder war jenes Meeting ein Fehlschlag? Diskutierten die Teilnehmer über unbedeutende Details und schweiften immer wieder vom Thema ab? Riß jemand ständig das Wort an sich und drängte die anderen in den Hintergrund? Möglicherweise geriet das Gespräch auch ganz außer Kontrolle, oder die Sitzung dauerte zu lange, so daß am Ende alle erschöpft und unbefriedigt waren. Wenn etwas schiefgeht, wird das gewöhnlich demjenigen, der die Besprechung einberufen hat, angelastet; läuft aber alles gut, schreibt man ihm das nur selten zu. Das liegt daran, daß Meetings ein Gruppenprozeß sind:

Wenn Menschen als Team Erfolge verbuchen können, haben sie das Gefühl, das alles selbst geleistet zu haben. Es ist Ihre Aufgabe, Bedingungen zu schaffen, unter denen die anderen ihr Bestes geben können. 90 Prozent einer erfolgreichen Besprechung finden schon vor der eigentlichen Sitzung statt. Sie haben einen wichtigen Schritt bereits getan, damit Ihr Meeting ein Erfolg wird: Sie haben dieses Buch zur Hand genommen, mit dessen Hilfe Sie sich in maximal 30 Minuten so gut vorbereiten können, daß Ihre Besprechung gelingen wird!

Viel Erfolg!

1. Weshalb findet die Besprechung statt?

Ihre Besprechung ist eine von Millionen, die heute auf der Erde abgehalten werden. Meetings sind heutzutage eine weitverbreitete Kommunikationsform am Arbeitsplatz. Je höher wir auf der Karriereleiter steigen, desto mehr Sitzungen besuchen wir im allgemeinen. Neueren Untersuchungen zufolge wird die Zahl der beruflich bedingten Besprechungen in Zukunft jährlich um fünf Prozent wachsen.

Besprechungen sind teuer
Nehmen Sie sich jetzt einen Augenblick Zeit, um die Kosten Ihrer bevorstehenden Besprechung abzuschätzen – sie sind höher, als man zunächst vermutet. Zu ihnen gehören
- Gehälter der Teilnehmer
- Spesen
- Kosten für die technische Ausrüstung
- Raummiete
- Verwaltungskosten (vor und nach dem Meeting)
- Ausgaben für Papier, Druck, Porto
- Telefongebühren (vor- und nachher, bei Telekonferenzen auch während des Meetings)
- Ausgaben für Erfrischungen
- Ausfallkosten (z. B. weil das Verkaufspersonal während der Besprechung nichts verkaufen kann).

Auf welche Summe kommen Sie? Sie dürfte sich – je nach Teilnehmerzahl – auf etwa 1000 Mark pro Stunde belaufen. Angesichts dieser Kosten müssen Sie sich fragen, ob das Ergebnis, das Ihre Besprechung bestenfalls erbringen wird, diesen Preis wert ist.

1.1 Ist die Besprechung wirklich notwendig?

Die meisten Meetings werden mit Blick auf eines der folgenden vier Ziele abgehalten:
- um zu diskutieren
- um Entscheidungen zu fällen
- um Anordnungen bekanntzugeben
- um eigene Interessen zu verfolgen.

Wenn man jemanden fragt, warum er eine Besprechung einberufen hat, wird er vermutlich spontan antworten: „Um bestimmte Punkte durchzusprechen." Aber warum sollen sie in dieser Runde besprochen werden?

Zur Entscheidungsfindung nicht geeignet
Eine Begründung könnte lauten: „Um Entscheidungen zu treffen!" Oftmals scheitern Besprechungen jedoch gerade insofern, als sie nicht zu klaren Entscheidungen führen. Eine Entscheidung bedeutet ja, sich auf eine bestimmte Vorgehensweise zu einigen, und es ist meist nicht leicht, Gruppen dazu zu bringen, sich festzulegen. „Konsens" – das übliche Wort für gemeinsame Entscheidungen – steht allzuoft nur für „Kompromiß". Statt eine Entscheidung zu fällen, diskutieren die Teilnehmer zu lang über unwichtige Details. Statt kreativ nach einer Lösung ihres Ausgangsproblems zu suchen, können oder wollen sie sich nicht von der Vergangenheit lösen („Das haben wir doch immer so gemacht!"), oder eine verhängnisvolle Gruppendynamik namens „groupthink" (vgl. Seite 64) verhindert, daß Alternativen durchgesprochen werden.

Muß überhaupt die ganze Gruppe die Entscheidung fällen? Wer wird letztendlich für die Durchführung der Maßnahmen zuständig sein? Sollte die Entscheidung nicht bei diesen Leuten liegen? Entscheidungen werden am besten von Einzelpersonen getroffen, denn dadurch sind die Verantwortlichkeiten klarer verteilt.

Informationen weitergeben

Viele Besprechungen werden abgehalten, um Informationen weiterzugeben, und zwar entweder von der Führungsebene, die ihre neuesten Beschlüsse durch ein „Briefing" bekanntmachen möchte, oder von rangniedrigeren Mitarbeitern, die sich dem Ritual einer Präsentation unterziehen sollen. Besprechungen sind jedoch ausgesprochen ungeeignet, um Informationen zu verbreiten – das meiste wird doch gleich wieder vergessen, wenn es nicht schriftlich fixiert wurde. Wenn die Informationen aber ohnehin schriftlich vorliegen, besteht keinerlei Notwendigkeit, sie noch einmal in aller Ausführlichkeit bei einem Meeting durchzukauen.

Machtverhältnisse demonstrieren

Es gibt noch einen häufigen Grund, warum Besprechungen abgehalten werden: das Bestreben, andere zu manipulieren. Das wesentliche Kriterium der Manipulation ist, daß sie subtil abläuft. Ziel von derartigen Sitzungen ist vorrangig nicht, eine bestimmte Angelegenheit zu besprechen, sondern vielmehr, Machtverhältnisse zwischen Mitarbeitern zu verstärken. Wer eine Besprechung ansetzt, demonstriert seine Macht – andere müssen sich zu einem bestimmten Zeitpunkt einfinden und einem festgelegten Ablauf folgen.

Besprechungen sind nicht geeignet, um Entscheidungen zu treffen (eine Gruppe legt sich nicht gerne fest) oder um Informationen weiterzugeben (schriftlich festgehalten und verteilt, werden sie schneller bekannt).

1.2 Klären Sie die Ziele Ihrer Besprechung!

Es gibt jedoch gewichtige Gründe, die die Einberufung eines Meetings tatsächlich rechtfertigen.

Um Informationen zu beurteilen

Wie weiter oben behandelt, ist es nicht sinnvoll, eine Sitzung abzuhalten, um lediglich Informationen weiterzugeben. Eine Besprechung ist aber gerechtfertigt, wenn es darum geht, zu erfahren, was andere Mitglieder des Teams machen. Damit vermeidet man, daß manche Aufgaben doppelt bearbeitet werden. Auch hilft es, das eigene Tun in einen größeren Zusammenhang zu stellen, um ein Gesamtbild zu bekommen.

Gruppen können Informationen besser beurteilen als einzelne, da sie sie von unterschiedlichen Standpunkten aus sehen. Die Gefahr, Dinge falsch zu interpretieren, wird geringer. Es ist daher wichtig, daß man sich vor einer größeren Entscheidung zusammensetzt, um Informationen auszutauschen und zu bewerten.

Um unklare Probleme zu lösen

Wenn Sie in Ihrer Besprechung ein Problem lösen möchten, müssen Sie sich zunächst fragen, ob es ein Hindernis oder eine Herausforderung darstellt. Steht

Ihrem Team irgend etwas im Weg und hindert es daran, ein bestimmtes Ziel zu erreichen? Oder bietet sich ihm die Gelegenheit, etwas anders oder besser zu machen, vielleicht auch etwas ganz Neues anzufangen? Analysieren Sie das Problem, das Sie mit Hilfe einer Besprechung lösen möchten, anhand der folgenden Fragen:

- Sind die Ausgangsbedingungen klar? Wissen Sie genau, worin das Problem besteht?
- Ist Ihr Ziel klar? Wissen Sie, wie die Lösung aussehen muß? Werden Sie es überhaupt merken, wann das Problem gelöst ist?
- Können Sie die Kluft zwischen den Ausgangsbedingungen und dem Ziel genau definieren?
- Sind die Operatoren klar? Können Sie – in Form von Methoden, Ressourcen, Personal – genau angeben, wie es möglich sein wird, von den Ausgangsbedingungen zum Ziel zu gelangen? Ist der Problemlösungsprozeß klar?

Wenn Sie auf eine dieser Fragen mit Nein antworten müssen, dürfte sich das Problem für eine Besprechung eignen. Gruppen können nämlich vor allem mit eher konturlosen Schwierigkeiten umgehen, denn sie sind fähig,

- eine detailliertere Beschreibung des eigentlichen Problems zu liefern
- den Bezugsrahmen zu erweitern
- neue Perspektiven zu entwickeln
- Alternativlösungen durchzuspielen
- das Problem – und die möglichen Lösungen – in einen größeren Zusammenhang zu stellen.

1. Weshalb findet die Besprechung statt?

Bei Problemen, für die es nur eine richtige Lösung gibt, oder bei gut strukturierten Problemen, bei denen die Ausgangsbedingungen, das Ziel und die Operatoren klar sind, bringt Gruppenarbeit hingegen wenig.

Besprechungen sind nicht immer sinnvoll: Probleme, bei denen Fachwissen erforderlich ist, sollten von einzelnen in Angriff genommen werden – Gruppen denken nämlich immer nur so gut wie ihr kompetentestes Mitglied. Ist das Problem jedoch nur unklar umrissen, ist eine Besprechung hilfreich.

Um Konflikte beizulegen
Schwelen in einer Gruppe ernsthafte Konflikte, ist es wichtig, eine Besprechung einzuberufen, bei der die Konfliktursache, alternative Vorgehensweisen und neue Lösungswege gefunden werden sollen.

Um das Gruppengefühl zu stärken
Der Mensch strebt von Natur aus nach Geselligkeit. Wir mögen daher Besprechungen, vor allem, wenn unsere Arbeit uns eher isoliert. Sie ermöglichen es uns nämlich, einen Sinn in unserer Arbeit zu entdecken, indem wir unser Tun mit dem anderer in Zusammenhang bringen können. Meetings lassen uns Probleme bewältigen, indem wir sie mit anderen teilen.

Eine Besprechung ist nur dann sinnvoll, wenn Sie mit ihr eines der folgenden Ziele erreichen möchten: Informationen beurteilen, ein unklares Problem einkreisen und lösen, Gruppenkonflikte beilegen oder das Gruppengefühl stärken.

1.3 Wie wollen Sie konkret vorgehen?

Den Zweck Ihrer Besprechung sollten Sie mittlerweile genau festgelegt haben. Drücken Sie die entscheidenden Punkte dabei durch ein Verb aus – was wollen Sie tun außer reden?

Falls Sie sich mit mehreren Aufgaben beschäftigen wollen, sollten sie in irgendeiner Form miteinander in Zusammenhang stehen. Geht jede von ihnen alle Teilnehmer an? Ist das Meeting notwendig, um sie durchzuführen? Manche dieser Aufgaben ließen sich vielleicht besser in „Mini-Meetings" vor oder nach der eigentlichen Besprechung klären.

- Was wollen Sie erreichen? Berücksichtigen Sie dabei das Idealergebnis, das realistische Ergebnis und eine Alternativposition.
- Welche Entscheidungen sollen in der Besprechung gefällt werden? Wer wird sie treffen? Weshalb müssen sie zu diesem Zeitpunkt getroffen werden?
- Sind die Ressourcen verfügbar, um alle Maßnahmen und Aktionen durchzuführen, mit denen Sie rechnen müssen?
- Werden auch andere Abteilungen betroffen sein? Sollten Sie sie zu Rate ziehen – oder sie sogar zu Ihrer Besprechung einladen?

Stellen Sie sich jede dieser Fragen für jeden einzelnen Tagesordnungspunkt. Nur so gehen Sie gut vorbereitet in Ihre Besprechung. Konzentrieren Sie sich vor allem auf die Ergebnisse.

1.4 Warum Besprechungen scheitern

Wenn Meetings nicht die gewünschten Ergebnisse bringen und die Teilnehmer statt dessen unzufrieden auseinandergehen, liegt das meist an einem der folgenden sieben Punkte:

1. Die Besprechung ist überflüssig

Die Arbeit könnte auf einfachere und billigere Weise erledigt werden. Eigentlich ist die Aufgabenstellung nur Routine und müßte gar nicht besprochen werden, vielleicht würde auch ein Informationsaustausch auf Papier oder auf elektronischem Weg ausreichen. Möglicherweise brauchen auch nur ein oder zwei Personen hinzugezogen zu werden, oder das Problem sollte besser von einem einzigen Experten gelöst werden. Schließlich könnte sich bei genauer Betrachtung auch herausstellen, daß es eigentlich gar nichts zu tun gibt!

2. Die Ziele sind falsch gesetzt

Um zu diskutieren, Anordnungen bekanntzugeben oder eigene Interessen zu verfolgen: das sind drei verbreitete Gründe, warum Besprechungen einberufen werden – und keiner von ihnen ist akzeptabel. Oft sitzt man zusammen, um andere seine Macht spüren zu lassen. Viele nutzen ein Meeting, um sich ihre Entscheidungen abstempeln zu lassen oder die anderen mit ihnen zu „überfahren". Und nicht wenige Besprechungen verdanken ihre Existenz der bloßen Macht der Gewohnheit, gegen die sich niemand aufzulehnen wagt. Andere sind vor allem gesellschaftliche Anlässe, eine Gelegenheit, einmal vom eigenen Schreibtisch wegzukommen.

3. Die Zielsetzung ist unklar

Niemand hat sich erkundigt, warum die Besprechung stattfindet. Niemand kennt ihren Zweck, hat Begleitmaterial erhalten oder gar gelesen. Die Tagesordnung ist verschwommen und eher verwirrend, vielleicht gibt es gar keine.

4. Die falschen Leute nehmen teil

Keiner der Anwesenden besitzt die Autorität, die erforderlichen Entscheidungen treffen zu können. Die richtigen Leute wurden nicht eingeladen oder haben in letzter Minute einen Vertreter geschickt, der schlecht vorbereitet ist und keine Verantwortung für Entscheidungen übernehmen kann.

5. Die Besprechung wird schlecht geführt

Die Vorgehensweise ist unklar, niemand achtet auf die Zeit, die Diskussion schleppt sich von einem Punkt zum anderen, unterschiedliche Zielsetzungen verhindern Fortschritte, und auftretende Konflikte werden falsch gehandhabt. Für solche Auswüchse wird gewöhnlich ein zuwenig eingreifender Besprechungsleiter verantwortlich gemacht, doch auch ein diktatorisch agierender Vorsitzender, der die Diskussion nicht leitet, sondern unterdrückt, kann viel Schaden anrichten.

6. Die Umgebung ist ungeeignet

Der Veranstaltungsort ist schlecht gewählt, die Teilnehmer fühlen sich unwohl. Ihre Konzentration wird durch ständige Unterbrechungen gestört, oder die Ausstattung ist zu dürftig.

7. Das Timing stimmt nicht
Tageszeit, Wochentag, Monat oder Jahreszeit wurde falsch gewählt. Die Besprechung beginnt mit Verspätung oder ist zum vorgesehenen Zeitpunkt noch nicht zu Ende; die Teilnehmer treffen nicht pünktlich ein oder brechen vorzeitig auf.

Besprechungen scheitern, wenn sie nicht gut genug vorbereitet werden: es werden falsche oder unklare Ziele gesetzt, die falschen Leute werden eingeladen, die Besprechung wird schlecht geführt und in falscher Umgebung zur falschen Zeit abgehalten.

1.5 Wie Besprechungen gelingen

Ihr Meeting wird nicht wie von Zauberhand besser ablaufen. Sie müssen Veränderungen wollen und bereit sein, auf sie hinzuarbeiten. Möglicherweise müssen Sie außerdem andere Teilnehmer davon überzeugen, daß auch sie Veränderungen wollen. Berücksichtigen Sie dabei immer die drei folgenden Regeln:

1. Jede Besprechung muß einzigartig sein
Meetings kosten zu viel Zeit und Geld, um sie „einfach so" abzuhalten. Wenn Sie keinen triftigen Grund finden oder Ihre Ziele auch auf andere Art erreichen könnten, ist die Besprechung nicht notwendig. Das gilt vor allem für regelmäßige Zusammenkünfte wie wöchentliche Teamtreffen, Projektbesprechungen oder Ausschußsitzungen. Es muß eine auf das jeweilige Meeting erarbeitete Tagesordnung geben.

2. Der Erfolg ist meßbar an den nachfolgenden Aktionen

Wenn das einzige Ergebnis Ihrer Besprechung darin besteht, daß Sie ein weiteres Meeting abhalten wollen, ist irgend etwas gründlich schiefgelaufen. Nehmen Sie sich vor, stets eine Liste anzulegen, auf der Sie festhalten, wer für die einzelnen Aktionen verantwortlich ist und welche Fristen gesetzt wurden. Wer soll die Fortschritte überwachen? Gehen Sie die Liste regelmäßig durch, und überlegen Sie, ob manche dieser Ziele nicht auch ohne die Besprechung zu erreichen gewesen wären.

3. Die Verantwortung liegt bei der ganzen Gruppe

Natürlich ist für den Erfolg einer Besprechung zunächst einmal derjenige, der sie einberufen hat, verantwortlich. Zu ihrem Gelingen sollte aber jeder einzelne Teilnehmer beitragen. Der Protokollant kann helfen, den Zeitplan einzuhalten, und zusammenfassen, auf welche Aktionen man sich geeinigt hat und welche Fortschritte und Ergebnisse erzielt worden sind. Als Besprechungsleiter können Sie eine Art Trainer werden, der die Sitzung leitet, dabei die Fähigkeiten der Teilnehmer zur Geltung bringt und selbst immer mit gutem Beispiel vorangeht.

Besprechungen sind teuer. Rufen Sie Ihre Mitarbeiter daher nur dann zusammen, wenn Sie sich sicher sind, daß dies zu einer Lösung Ihres Problems führt.
- *Prüfen Sie, ob das gewünschte Ergebnis eine Besprechung rechtfertigt oder ob es auch auf einfacherem Weg erreicht werden könnte.*
- *Bereiten Sie die Sitzung so genau vor, daß Ausgangsposition, Weg und Ziel klar sind.*

2. Wer nimmt teil?

Besitzen die Teilnehmer das nötige
Fachwissen und die erforderliche
Kompetenz?   Seite 21

Können Sie einzelnen Teilnehmern
die Verantwortung für bestimmte
Punkte der Tagesordnung übertragen?   Seite 22

Haben Sie den Protokollanten
gut genug auf seine Aufgabe
vorbereitet?   Seite 32

Ihre Aufgabe als Leiter der Besprechung ist es, dafür zu sorgen, daß alle Teilnehmer sich voll einbringen und positive Beiträge leisten. Was können Sie schon im Vorfeld tun, um das zu erreichen?

Wer leitet die Besprechung?
Sie! Doch gibt es dafür einen guten Grund, oder ist lediglich die Macht der Gewohnheit ausschlaggebend? Der Vorsitz kann auch reihum übernommen werden, so daß jedes Mitglied des Teams einmal die Gelegenheit bekommt, diese Verantwortung am eigenen Leib zu spüren. Die Teilnehmer werden sich stärker für das Gelingen der Besprechung einsetzen, wenn sie wissen, daß sie beim nächsten Mal selbst für das Erreichen der Ziele verantwortlich sein werden!
Den Vorsitz zu übernehmen bedeutet, daß man sich weder aktiv an der Problemlösung beteiligt noch das Protokoll führt. Ihre Aufgabe ist es vielmehr, die Besprechung zu leiten und zu moderieren, was schwierig genug ist. Wenn Sie zusätzlich selbst noch das Protokoll führen müßten, dürften Sie Ihre Rolle als Vorsitzender kaum gut ausfüllen können.

2.1   Die richtigen Leute einladen

Sitzen in der Runde die geeigneten Teilnehmer? Inwiefern sind sie für die Zielsetzung der Besprechung wichtig? Fällt ihnen eine spezifische Rolle zu, oder haben sie ein ureigenes Interesse daran, die Ziele der Besprechung zu verwirklichen? Handelt es sich um

- wichtige Entscheidungsträger
- Meinungsbildner
- führende Manager, die ein Interesse an den zu treffenden Entscheidungen haben
- Fachleute; Personen, die Informationen liefern
- Personen, die Informationen brauchen
- Schlichter bei möglichen Auseinandersetzungen
- Freunde, Berater oder Gäste?

Werden die Eingeladenen überhaupt teilnehmen? Je wertvoller sie für die Besprechung sind, desto schwieriger dürfte es zu erreichen sein, daß sie auch tatsächlich kommen! Könnten Sie damit leben, daß jemand in letzter Minute einen Vertreter schickt? Was brauchen auf der anderen Seite die Betreffenden, um sich auf die Sitzung vorzubereiten – müssen Sie ihnen vorweg Unterlagen zur Verfügung stellen?

Zuständigkeiten verteilen

Gehen Sie Ihre Tagesordnung durch, und versuchen Sie, den einzelnen Punkten Namen zuzuordnen. Wer ist für die einzelnen Aufgaben, die besprochen werden sollen, verantwortlich? Wer muß die endgültige Entscheidung fällen? Wer soll sie dann umsetzen? Wenn Sie den Betreffenden die Verantwortung für die jeweilige Aufgabe übertragen, können Sie selbst sich ganz auf die Leitung der Sitzung konzentrieren.

Laden Sie die Leute zur Besprechung, die zur Problemlösung einen Teil beitragen können. Dazu gehören Fachleute, Entscheidungsträger oder unmittelbar am Problem Beteiligte.

2.2 Die Rollen der Teilnehmer

Eine Gruppe arbeitet am besten, wenn ihre Mitglieder unterschiedliche Rollen verkörpern. Unter Rolle versteht man eine Kombination von Verhaltensformen, die dem einzelnen aufgrund seiner sozialen Position (z. B. seines Status) und seines bisherigen Auftretens zugeschrieben werden.

Die meisten von uns füllen in Gruppen immer die gleiche Rolle aus: Wir sind entweder
- Ideenlieferanten
- Leute der Tat
- Organisatoren
- oder Fürsorgliche.

Im Idealfall ist eine Gruppe ausgewogen aus Vertretern aller vier Typen zusammengesetzt.

Der Ideenlieferant

Typische Verhaltensweisen
- bringt neue Ideen und Strategien vor
- konzentriert sich auf die wesentlichen Punkte
- geht die Problemlösung kreativ an
- verfolgt die Vorschläge und ihre Entwicklung auch nach der Sitzung
- knüpft außerhalb der Gruppe Kontakte

Positive Eigenschaften
- Einfallsreichtum, Intellekt, Wissen
- Experimentierfreude
- Kontaktfreudigkeit

Mögliche Schwächen
- kümmert sich nicht immer um die praktischen Details, Regeln oder Vorschriften
- will schnelle Ergebnisse sehen
- hat nur eine kurze Aufmerksamkeitsspanne.

Der Tatkräftige

Typische Verhaltensweisen
- beeinflußt die Richtung des Denkprozesses der Gruppe
- konzentriert sich auf Ziele und Prioritäten
- drängt auf eine Entscheidung
- setzt Konzepte und Pläne in durchführbare Maßnahmen um
- treibt die Problemlösung voran

Positive Eigenschaften
- Tatkraft und die Bereitschaft, andere aus ihrer Trägheit, Selbstzufriedenheit und Selbsttäuschung zu reißen
- Durchhaltevermögen, Ausdauer
- Selbstdisziplin

Mögliche Schwächen
- neigt zu Provokationen, Gereiztheit und Ungeduld
- mangelnde Flexibilität
- nicht unbedingt aufgeschlossen für Neues, noch nicht Bewährtes.

Der Organisator

Typische Verhaltensweisen
- analysiert Probleme, untersucht die praktische Durchführbarkeit von Ideen und Vorschlägen
- achtet darauf, daß nichts übersehen wurde
- überprüft die Details
- setzt die vereinbarten Pläne systematisch und effektiv um

Positive Eigenschaften
- Organisationstalent, praktische Ader, gesunder Menschenverstand
- gutes Urteilsvermögen, Besonnenheit, Realitätssinn

Mögliche Schwächen
- wenig Begeisterungsfähigkeit; kann andere nicht motivieren
- Neigung, sich in Details zu verbeißen
- Widerstreben, das Geschehen laufen zu lassen.

Der Fürsorgliche

Typische Verhaltensweisen
- koordiniert die Einzelergebnisse der Besprechung im Hinblick auf die Zielsetzung
- setzt die Ressourcen der Gruppe optimal ein
- greift Vorschläge auf und entwickelt sie weiter
- verbessert die Kommunikation zwischen den Gruppenmitgliedern

Positive Eigenschaften
- würdigt alle Beiträge gebührend
- starke Zielstrebigkeit
- Fähigkeit, auf Situationen einzugehen
- fördert das Zusammengehörigkeitsgefühl

Mögliche Schwächen
- kann versuchen, Konflikten aus dem Weg zu gehen
- kann in einer Krise unentschlossen sein.

Die Mischung der Rollen ist wichtig

Viele Besprechungen scheitern, weil sie von Vertretern eines oder zweier Rollentypen beherrscht werden. Eine Gruppe von Ideenlieferanten kann zwar über ein riesiges kreatives Potential verfügen, aber nie etwas zustande bringen; eine Gruppe von Tatkräftigen hingegen wird endlos darüber sprechen, was getan werden muß, ohne auch nur im geringsten auf die Ursachen oder andere Sichtweisen des Problems einzugehen. Eine Gruppe von Organisatoren wiederum kann sich in all den zu erledigenden Details verlieren, es darüber aber versäumen, neue Lösungen auszuarbeiten. Die Fürsorglichen schließlich können zwar äußerst rücksichtsvoll miteinander umgehen, dabei aber ganz „vergessen", sich mit schwierigen Punkten zu beschäftigen.

Entscheidend für den Erfolg Ihrer Besprechung ist die Auswahl der Teilnehmer. Denken Sie daran, ein ausgewogenes Verhältnis der vier Rollentypen in Ihrer Gruppe herzustellen. Sie brauchen in jeder Gruppe Ideenlieferanten, Tatkräftige, Organisatoren und Fürsorgliche gleichzeitig.

2.3 Wie Gruppenprozesse ablaufen

Trifft die Gruppe sich in dieser Zusammensetzung nur ein einziges Mal? Handelt es sich um ein neu zusammengestelltes Team oder aber um einen regelmäßig tagenden Ausschuß? Ihre Aufgabe ist es in jedem Fall, die Gruppe in ihrer Gesamtheit zu lenken. Wenn Sie einmal darüber nachdenken, wie Gruppenprozesse ablaufen, werden Sie

- verstehen, was bei Besprechungen vor sich geht
- erkennen, wie sich die spezifische Gesprächssituation eines Meetings von anderen Gesprächssituationen unterscheidet
- das Ergebnis der Besprechung verbessern können.

Eine Gruppe kann definiert werden als eine beliebige Anzahl von Menschen, die interagieren und sich alle als Mitglieder einer Gemeinschaft sehen. Die Idealzahl für firmeninterne geschäftliche Besprechungen dürfte bei sechs bis neun Teilnehmern liegen, sonst bilden sich Untergruppen.

Die Bedürfnisse der Gruppe
Natürlich besteht jede Gruppe aus lauter Individuen. Sobald wir zu einer Gruppe gehören, verfolgen wir jedoch die Befriedigung der folgenden vier Hauptziele:
- Gefühl des Wohlbefindens (auf körperlicher, geistiger, emotionaler, wirtschaftlicher und spiritueller Ebene)
- Zugehörigkeitsgefühl
- Anerkennung durch die Gruppe
- Kontrolle über das eigene Leben.

Befriedigt die Gruppe diese Bedürfnisse, stärken wir ihre Gemeinschaft. Haben wir dagegen das Gefühl, ausgeschlossen zu werden, so ziehen wir uns körperlich oder geistig zurück. Dieser Rückzug zeigt sich häufig in folgendem Verhalten:

- Weigerung, etwas zu sagen
- Zurückschieben des Stuhls vom Tisch
- auf den Tisch oder Fußboden gerichteter Blick
- ständiges Herumkritzeln oder -spielen
- provozierende oder feindselige Äußerungen
- Abwehrreaktionen gegenüber Bemerkungen anderer Teilnehmer
- Suche nach Unterstützung in der Gruppe.

Stellen Sie sich die Teilnehmer der geplanten Besprechung an einem Tisch vor: Werden sie ganz von selbst zu einer Gruppe zusammenwachsen? Wie gut kennen sie sich? Welche Interessen verfolgen sie, wie sehen ihre Ziele und Bestrebungen aus? Was halten sie voneinander? Kann man sie alle innerhalb der Gruppe in Einklang bringen?

Formelle und informelle Gruppen

Gruppen können formell oder informell sein. Formelle Gruppen werden bewußt zusammengestellt – und zwar gewöhnlich von einem Außenstehenden –, um spezifische Aufgaben oder Funktionen zu erfüllen; Teams sind also formelle Gruppen. Informelle Gruppen hingegen entstehen ganz spontan; sie befriedigen die menschlichen Bedürfnisse, die formelle Gruppen hintanstellen oder ganz ignorieren. Bei Ihrem Meeting dürften sich Elemente beider Gruppentypen herauskristallisieren.

Sehr formelle Gruppen neigen dazu, so hart zu arbeiten, daß der zwischenmenschliche Aspekt darüber zu kurz kommt; bei informellen Gruppen hingegen besteht die Gefahr, daß sie ihrem Vergnügen zuviel Zeit widmen und daher keine Ergebnisse vorweisen können.

Verfahren für formelle Besprechungen

Bei ganz formellen Gruppen muß man einer Aufsplitterung gezielt entgegenwirken. Die Regeln für Jahreshauptversammlungen und andere große Sitzungen sind speziell darauf abgestellt, jeden zu Wort kommen zu lassen, zu gewährleisten, daß die anstehende Arbeit in der vorgesehenen Zeit erledigt wird, und zu verhindern, daß einzelne oder Untergruppen die Kontrolle an sich reißen.

Falls Sie eine Besprechung mit mehr als zwölf Teilnehmern leiten sollen, halten Sie sich am besten an das offizielle Protokoll, das Ihnen helfen wird, für ordnungsgemäßes Vorgehen zu sorgen.
Informieren Sie sich rechtzeitig darüber, nach welchen Regeln die Besprechung abläuft. Diese könnten z. B. in einer Satzung oder Geschäftsordnung schriftlich niedergelegt sein.

Formelle und informelle Gruppen sollten unterschiedlich geführt werden. Formelle Gruppen haben v. a. ihr Arbeitsziel vor Augen und vernachlässigen darüber oft die menschlichen Bedürfnisse. Informelle Gruppen gewichten umgekehrt.

2.4   Die Ziele der Gruppe

Für jede Gruppe hat zunächst einmal ihr Fortbestehen Priorität. Im Hinblick auf dieses vorrangige Ziel unterscheidet man zwei Formen der Zielsetzung: Arbeitsziele und Gemeinschaftsziele.

Arbeitsziele betreffen die Arbeit, die getan werden soll; sie können der Gruppe von außen vorgeschrieben oder aufgezwungen werden. Gemeinschaftsziele hingegen erwachsen gewöhnlich aus der Gruppe heraus. Sie zielen darauf ab, bei den Gruppenmitgliedern ein Gefühl der Identität und des Wohlbefindens zu entwickeln.

Gleichgewicht schaffen

In einer Besprechung sollte jede Gruppe beide Formen der Zielsetzung verfolgen. Eine der wichtigsten Aufgaben des Vorsitzenden besteht daher darin, ein Gleichgewicht zwischen diesen beiden Zielen herzustellen, so daß die Gruppe ein Zusammengehörigkeitsgefühl entwickelt und zugleich produktiver arbeitet.

Durch die Konkurrenz dieser unterschiedlichen Zielsetzungen können dennoch Probleme auftreten, wenn

- die Arbeitsziele durch die Gemeinschaftsziele verstellt werden (die Gruppe amüsiert sich zu sehr)
- die Gemeinschaftsziele durch die Arbeitsziele unterdrückt oder geschädigt werden (beispielsweise durch diktatorisch auferlegte Aufgaben oder weil die Gruppe unter Streß steht)
- die Gruppe sich spaltet und die beiden Grüppchen unterschiedliche Ziele verfolgen (indem beispielsweise ein Teil der Gruppe versucht, anderen Mitgliedern Aufgaben aufzuzwingen).

Wie Sie das Gemeinschaftsgefühl stärken
Wie können Sie dieses empfindliche Gleichgewicht herstellen? Es gibt verschiedene Methoden, die Sie sicher nicht alle bei Ihrem bevorstehenden Meeting anwenden können. Konzentrieren Sie sich auf einige von ihnen:

- Erläutern Sie die Arbeitsziele.
- Danken Sie den Teilnehmern für ihre Beiträge.
- Ermuntern Sie sie dazu, auch andere Standpunkte einzubringen, indem Sie deutlich zwischen den Vorschlägen und den Menschen, von denen sie stammen, unterscheiden.
- Regen Sie die Teilnehmer zur Kooperation an.
- Gehen Sie gegen Verhaltensweisen vor, die die Gruppe bedrohen: polemische Bemerkungen, Anzeichen für geheime Tagesordnungen, persönliche Angriffe.
- Übertragen Sie den einzelnen Teilnehmern Verantwortung. Vertrauen Sie auf ihre Integrität und darauf, daß sie ihre Zusagen einhalten werden.
- Erinnern Sie die Gruppe immer wieder an das Ziel des Gesprächs. Statt auf der Vergangenheit herumzureiten, muß sie nach vorn blicken.
- Heben Sie die Leistungen der Gruppe hervor.
- Schränken Sie Small talk und Klatsch ein.

Jede Gruppe – so auch die Ihrer Besprechung – entwickelt Bedürfnisse, die erfüllt werden müssen, damit die Gemeinschaft nicht auseinanderbricht.
Es ist Ihre Aufgabe als Besprechungsleiter, ein Gleichgewicht zwischen dem Ziel der Teilnehmer, das Gemeinschaftsgefühl zu stärken, und dem konkreten Arbeitsziel zu schaffen.

2.5 Die Zusammenarbeit mit dem Protokollanten

Seine Aufgaben gehen meist weit über das Erstellen des Protokolls hinaus. Im allgemeinen ist er zusätzlich für einen Großteil der Vorbereitung, für den Ablauf der Besprechung und für Nacharbeiten (mit)verantwortlich. So wird er zu einem Mitorganisator. Nicht selten wird jedoch seine Bedeutung unterschätzt, und man hört von Protokollanten oft folgende Klagen:

- Man hat ihnen nicht genug Zeit für die Vorbereitung gelassen.
- Sie wissen nicht, welche Aufgaben sie genau übernehmen sollen.
- Es wurde ihnen nicht gesagt, wie sie das Protokoll abfassen sollen.
- Aufgrund fehlenden Hintergrundwissens wissen sie nicht, worüber gesprochen wird.
- Sie kennen die Teilnehmer oder ihre Namen nicht.
- Sie können dem Gespräch nicht folgen, weil es nicht in geordneten Bahnen verläuft.
- Sie langweilen sich während der Besprechung, weil sie nicht aktiv eingebunden werden.
- Es ist ihnen nicht klar, was vereinbart wurde.
- Der Besprechungsleiter (oder andere) wollen ihr Protokoll zensieren oder umarbeiten.

Informieren und miteinbeziehen

Viele dieser Probleme können Sie von vornherein vermeiden, wenn Sie mit dem Protokollanten Ihre Vorbereitungen besprechen. Gehen Sie zumindest folgende Punkte mit ihm durch:

- den Zweck der Besprechung
- die Teilnehmer
- die Punkte, die auf die Tagesordnung gesetzt werden sollen
- Hintergrundinformationen, die ihm die Protokollführung erleichtern können.

Der Protokollant wird ein besseres Protokoll anfertigen können, wenn er
- bei Unklarheiten nachfragen darf
- am Ende jedes Tagesordnungspunkts die Gelegenheit bekommt, das Gespräch einschließlich der gefällten Entscheidungen zusammenzufassen.

Sprechen Sie diese Punkte vor der eigentlichen Sitzung mit ihm durch. Er kann Ihnen eine unschätzbare Hilfe sein, indem er die Einhaltung des Zeitplans und der Tagesordnung mitüberwacht und auch ein Auge darauf hat, daß alles in geordneten Bahnen läuft. Ihre Besprechung wird dadurch sicherlich reibungsloser verlaufen.

Entscheidend für den Erfolg Ihrer Besprechung ist, daß Sie die richtigen Teilnehmer einladen – Leute, die die Kompetenz und Befugnis haben, um die anstehenden Probleme zu lösen.

- *Die Gruppe muß ausgewogen sein.*
- *Suchen Sie immer einen Ausgleich zwischen den Arbeits- und Gemeinschaftszielen.*
- *Beziehen Sie den Protokollanten in Ihre Vorbereitungen mit ein.*

3. Was steht auf der Tagesordnung?

Haben Sie bereits eine Tagesordnung erstellt? Liegt sie schriftlich vor?　　　　　　Seite 36

Kommt der Punkt „Sonstiges" vor? Brauchen Sie ihn wirklich?　　　　　　Seite 39

Haben Sie einen Zeitplan für die Besprechung und für die einzelnen Tagesordnungspunkte aufgestellt?　　　　　　Seite 40

Eine schriftliche Tagesordnung ermöglicht es allen Teilnehmern, sich vor, während und nach der Besprechung auf ihre Aufgaben zu konzentrieren. Sie fungiert als Plan für die Sitzung und hilft den Teilnehmern, sich vorzubereiten, dient der objektiven Kontrolle der Fortschritte und schließlich auch als Maßstab für den Erfolg des Meetings.

Wie Sie die Tagesordnung optimal einsetzen

Es ist Ihre Aufgabe, die Tagesordnung zu erstellen – schließlich haben Sie das Meeting einberufen. Falls Sie bereits eine geschrieben haben, sollten Sie sich fragen, ob Sie sie noch verbessern können.

Auch kurz vor Beginn der Sitzung ist es noch nicht zu spät, eine Tagesordnung zu schreiben! Ein Blatt Papier, auf dem Sie die Punkte festhalten, die abgehandelt werden sollen, oder eine Liste auf dem Flip-chart ist besser als gar nichts. Ziehen Sie nach Möglichkeit den Protokollanten hinzu.

Die einzelnen Punkte der Tagesordnung stellen Aufgaben dar, die erledigt werden sollen. Die Teilnehmer müssen aus ihnen ablesen können,

- wie die Aufgabe aussieht
- wie sie angegangen werden soll
- was die Gruppe nach Abhandlung des Punktes tun soll
- woran sie erkennen kann, daß das Ziel erreicht wurde.

Das heißt, daß jeder Tagesordnungspunkt mindestens ein Verb enthalten muß, das festlegt, was die Gruppe konkret tun soll.

Konkret formulieren

Die Formulierung „TOP 3: Neues IT-Netzwerk" gibt den Teilnehmern kaum einen Hinweis darauf, was genau besprochen wird und wie sie sich auf diesen Punkt vorbereiten sollen. Besser sind ausführliche Fassungen der folgenden Form: „Herr X wird über den Preis und die wesentlichen Charakteristika der in Frage kommenden Systeme informieren. Das Team wird sich auf ein System einigen, das zum Kauf empfohlen wird." Daraus können die Teilnehmer ablesen, was die Gruppe tun soll, wer eine besondere Verantwortung für die Durchführung der Aufgabe trägt und woran sie erkennen können, daß das Ziel erreicht wurde.

Eine Tagesordnung ist bei jeder Besprechung notwendig. Sie ist ein Plan der zu besprechenden Themen und definiert Aufgaben sowie Verantwortlichkeiten.

3.1 Inhalt einer Tagesordnung

Eine Tagesordnung sollte in jedem Fall die folgenden Punkte – möglichst in der angegebenen Reihenfolge – enthalten (je nach Situation können weitere Punkte hinzukommen):

- Bezeichnung der Besprechung
- Datum, Uhrzeit (Beginn und Ende), Ort, an dem die Besprechung stattfindet
- Namen des Leiters und der Teilnehmer
- Einzelne Tagesordnungspunke in der Reihenfolge, in der sie behandelt werden sollen (nach Priorität numeriert)

- Angabe, wieviel Zeit für die Besprechung der einzelnen Punkte vorgesehen ist
- Notwendige Hintergrundinformationen; Verweis auf andere Berichte, Statistiken etc.
- Anträge zu diesen Punkten
- Berichte von Unterausschüssen
- Beiträge von Gastrednern
- Offene Punkte, die sich aus dem vorhergehenden Meeting ergeben haben
- Datum, Uhrzeit und Ort des nächsten Meetings
- Datum und Unterschrift des Einladenden.

3.2 Wie man eine Tagesordnung erstellt

Grundsätzlich gilt es, auf folgende Aspekte zu achten:
- Wichtig ist die logische Reihenfolge.
- Ein roter Faden muß erkennbar sein.
- Besonderheiten (zum Beispiel Teilnehmer, die nicht das ganze Meeting über anwesend zu sein brauchen) müssen vermerkt sein.
- Schwierige oder strittige Punkte sind besonders hervorzuheben.
- Setzen Sie für alle Punkte einen Zeitrahmen fest.
- Schreiben Sie auf, wer zu den einzelnen Punkten sprechen soll.
- Vermerken Sie, welche Unterlagen beigefügt werden (sie könnten ja verlorengehen).
- Überlegen Sie sich, ob Sie die Anträge nicht der Übersichtlichkeit halber auf einem Extrablatt auflisten sollten.

Differenzieren Sie zwischen dringenden und wichtigen Punkten. Dringende Angelegenheiten, die in kurzer Zeit abgehandelt werden können, sollten Sie an den Anfang stellen. Wichtige Punkte, die mehr Zeit in Anspruch nehmen werden, plaziert man am besten in der Mitte der Besprechung, wenn die körperliche und geistige Leistungsfähigkeit der Teilnehmer einen Höhepunkt erreichen. Die „leichtesten" Punkte – zum Beispiel die, an denen die Teilnehmer ein besonderes Interesse haben, oder Beiträge von Gastrednern – gehören ans Ende.

Die vier Phasen der Problemlösung

Zur Lenkung des Denkprozesses werden Sie noch ausführlichere Informationen in Kapitel 5 (Seite 56) erhalten. Für den Augenblick reicht es, wenn Sie sich bewußt machen, daß die Gedankengänge während einer Besprechung jeweils die vier folgenden Phasen durchlaufen dürften:

1. Informationsstand: Was wir über die Angelegenheit wissen

2. Bewertung: Was wir von den vorliegenden Informationen und den unterschiedlichen Ansichten halten

3. Mögliche Lösungen: Pläne für mögliche Vorgehensweisen, die auf unserer Bewertung der Fakten basieren: Was können wir tun, wie können wir das Ziel erreichen?

4. Aktionen: Für welche Möglichkeiten wir uns entscheiden.

Diese vier Phasen müssen Sie in Ihrer Tagesordnung herausarbeiten und die entsprechenden Informationen und Fakten auflisten. Bei vielen Besprechungen wird nämlich unter dem Druck, Ergebnisse erzielen zu müssen, die eine oder andere wichtige Phase des Denkprozesses übersprungen und somit nicht immer die beste Lösung gefunden.

3.3 „Sonstiges" ist überflüssig

Hüten Sie sich vor „Sonstigem"! Wenn es sich lohnt, eine Sache zu besprechen, sollte sie als eigener Punkt auf der Tagesordnung aufgeführt werden. Es kommt viel zu oft vor, daß jemand die Rubrik „Sonstiges" nutzt, um eine private Tagesordnung zu verfolgen oder langatmige, irrelevante Beschwerden loszuwerden. Daher sollten Sie diesen Punkt nach Möglichkeit von der Tagesordnung streichen – auch deshalb, weil die Besprechung in positiver Stimmung enden sollte. Statt Diverses und Unklares zu erörtern, sollten Sie am Schluß das Erreichte zusammenfassen und einen Ausblick auf die nächsten Schritte geben.

Wie Sie „Sonstiges" vermeiden
- Verteilen Sie eine vorläufige Fassung Ihrer Tagesordnung, und bitten Sie um Vorschläge dazu.
- Überlegen Sie genau, ob Sie zusätzliche Punkte aufnehmen wollen. Stellen Sie von vornherein klar, daß alle Ergänzungen Ihrer Zustimmung bedürfen.

- Setzen Sie auch für neue Punkte einen Zeitrahmen, und ändern Sie den Zeitplan für den Rest der Tagesordnung entsprechend. Dabei sollten Sie die ursprünglich vorgesehene Gesamtzeit nicht überschreiten – die Besprechung einfach zu verlängern ist kontraproduktiv.

Die Tagesordnung gibt den Ablauf einer Besprechung vor – erstellen Sie sie daher mit äußerster Sorgfalt! Jeder Tagesordnungspunkt sollte mit einem Verb die konkrete Aufgabe beschreiben. Nicht genau zu definierende Punkte („Sonstiges") vermeiden.

3.4 Der Blick auf die Uhr

Es gibt Besprechungsleiter, die es als Ausdruck ihrer Wichtigkeit ansehen, wenn sich ihre Sitzungen über Stunden hinziehen. Der Erfolg eines Meetings hängt jedoch nicht von seiner Dauer ab, sondern von der guten Mitarbeit aller Anwesenden.

Setzen Sie das Ende der Besprechung von vornherein fest. Vermerken Sie die entsprechende Uhrzeit auf der Tagesordnung – und halten Sie sich dann daran! Ein Meeting sollte nicht länger als 90 Minuten dauern.
Ordnen Sie die Punkte der Tagesordnung der verfügbaren Zeit zu. Es empfiehlt sich, für jeden einzelnen Punkt die vorgesehene Dauer aufzuschreiben. Falls Sie dabei feststellen, daß Sie einem wichtigen Punkt nur wenige Minuten zugestehen können, haben Sie die Tagesordnung überfrachtet.

Wie Sie die Besprechung straffen können

- Lassen Sie die Teilnehmer wissen, wie lange das Meeting dauern soll – das ist nicht nur eine Frage der Höflichkeit, sondern treibt auch Sie zur Disziplin an.
- Passen Sie die Zahl der Tagesordnungspunkte der zur Verfügung stehenden Zeit an.
- Übertragen Sie die Verantwortung für die einzelnen Punkte jeweils einem der Teilnehmer, der sich an die festgesetzte Zeit halten muß.
- Überlegen Sie sich vorher, wie Sie bei ergebnislosen Diskussionen vorgehen wollen.

Beste Zeit: vor dem Mittagessen

Untersuchungen haben ergeben, daß unsere Denkfähigkeit am späten Vormittag ihren Höhepunkt erreicht. Besprechungen, die ans Ende des Arbeitstages gelegt werden, sind zwar oft kürzer, erbringen aber nicht unbedingt bessere Ergebnisse. Versuchen Sie daher, Ihre Sitzung vor der Mittagspause abzuhalten. Die Aussicht auf die Mahlzeit motiviert die Teilnehmer, sich an den Zeitplan zu halten, und außerdem sind sie vor dem Essen geistig reger als hinterher.

Die schriftlich festgehaltene Tagesordnung gibt Aufschluß, wie gut Sie Ihre Besprechung vorbereitet haben. Sie dient dazu,
- *die gesamte Besprechung sinnvoll zu strukturieren*
- *Wichtiges von Unwichtigem zu trennen*
- *die zu besprechenden Themen genau zu definieren*
- *den Zeitrahmen festzulegen.*

4. Wo findet die Besprechung statt?

Haben Sie den Ort so gewählt, daß er für alle leicht zu erreichen ist?   Seite 43

Eignet sich der vorgesehene Raum für Ihre Zwecke, oder können Sie ihn auf Ihre Bedürfnisse „zuschneiden"?   Seite 44

Sind Sie technisch gut ausgerüstet, und funktionieren alle Geräte?   Seite 47

Der Ort, an dem das Meeting stattfindet, kann ganz erheblichen Einfluß auf seinen Erfolg haben. Wenn Ihnen nur noch wenige Minuten bis zum Beginn der Sitzung bleiben, werden sich nur einzelne Aspekte verbessern lassen; haben Sie mehr Zeit, können Sie optimal planen.

4.1 Der Veranstaltungsort

- Liegt das Gebäude zentral, ist es für die Teilnehmer gut zu erreichen? Ist es beispielsweise auch für Behinderte zugänglich; eignet es sich für Frauen, die nachts allein reisen?
- Wenn die Besprechung bei Ihnen stattfindet: Können sich dort alle Teilnehmer wohl fühlen – oder werden sie durch die Trophäen Ihres Erfolgs eingeschüchtert? Falls Sie die Sitzung in einem Hotel oder Tagungsgebäude abhalten, müssen Sie Punkte wie Termin, Zahl der Teilnehmer und Verköstigung rechtzeitig regeln. Auch sollten Sie sich überlegen, wie Sie das leidige Rauchproblem lösen wollen.

Der Tagungsraum
Hat der Raum die richtige Form und eine angemessene Größe? Wenn wir zu eng aufeinandersitzen, halten wir uns bei der Interaktion zurück und fühlen uns im wahrsten Sinne des Wortes unter Druck gesetzt (Sardinenbüchseneffekt). Andererseits finden kleinere Gruppen in kleinen Räumen schneller zusammen. Bringen Sie einen zu großen Raum gegebenenfalls auf die richtige Größe, indem Sie Raumteiler aufstellen. Über-

prüfen Sie, welche Elemente der Einrichtung fest angebracht (Wände, Fenster, Türen) oder umstellbar (Raumteiler, Leinwände, Tafeln) sind.

Eignet sich der Raum für Ihre speziellen Zwecke? Ach-
ten Sie auf die folgenden Aspekte:
- Akustik
- Heizung, Lüftung und Beleuchtung
- Anzahl und Bequemlichkeit der Stühle
- Größe, Umstellbarkeit und Stabilität der Tische
- Ausrüstung und Steckdosen
- Toiletten, Telefone, Getränkeautomaten
- Falls erforderlich: Abhörsicherheit – Wandstärke,
  Haussprechanlage, sonstige Kommunikations-
  systeme
- Störende Geräusche (Klimaanlage, Züge) oder son-
  stige Unterbrechungen.

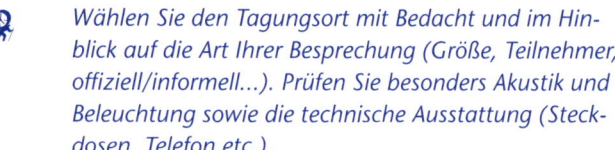

*Wählen Sie den Tagungsort mit Bedacht und im Hin-
blick auf die Art Ihrer Besprechung (Größe, Teilnehmer,
offiziell/informell...). Prüfen Sie besonders Akustik und
Beleuchtung sowie die technische Ausstattung (Steckdosen, Telefon etc.).*

4.2   Das Mobiliar

Die Anordnung der Möbel sollte auf die Art Ihrer
Besprechung zugeschnitten sein. Vielleicht möchten Sie
Verbündete (oder mögliche Störer) an strategisch gün-
stige Plätze setzen. Der Protokollant sollte in jedem Fall

so sitzen, daß er alle Anwesenden sehen kann. Alle Teilnehmer müssen einen Blick auf die Leinwand oder das Flip-chart haben, ohne sich dabei verrenken oder ihre Stühle umrücken zu müssen. Sie sollten etwa auf Armeslänge voneinander entfernt sitzen. Bei geringerem Abstand verletzen sie das „Revier" des Nachbarn, bei einem größeren fühlen sie sich isoliert, was sich negativ auf die Gruppendynamik auswirkt. Denken Sie auch daran, daß für eine effektive Interaktion Blickkontakt wichtig ist.

Die Stühle sollten bequem genug sein, so daß niemand steife Glieder bekommt, aber auch wieder nicht so bequem, daß man leicht einnickt! Für längere Sitzungen sind Stühle mit Armlehnen am besten geeignet.
Der Tisch kann einem guten Gespräch im Wege stehen, vor allem, wenn er groß ist oder die Teilnehmer nicht gleichmäßig um ihn herum verteilt sitzen. Natürlich könnte einigen Mitgliedern der Gruppe der „Schutz", den ein schwerer Tisch bietet, sehr willkommen sein.

Stellmöglichkeiten von Tisch und Stühlen
Im folgenden werden die verschiedenen Anordnungen des Mobiliars sowie ihre wesentlichen Vor- und Nachteile kurz vorgestellt:

Konferenzstellung
- Formell
- Hierarchisch

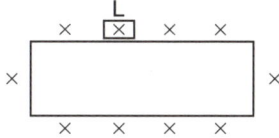

Hufeisenform
- Erleichtert den Blickkontakt
- Fördert die Interaktion
- Ausgeprägte gegenseitige Kontrollmöglichkeiten

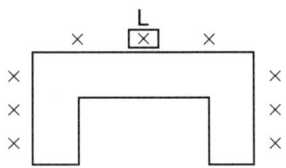

Hufeisenform mit Publikum
Die Gruppe präsentiert sich dem Publikum als geschlossene Einheit.

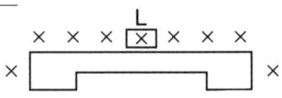

Podium
- Bei großem Publikum geeignet
- Für Präsentationen geeignet
- Erschwert die Interaktion
- Erfordert eine offizielle Gesprächsleitung

Kaffeehausstil
- Für die Arbeit in Kleingruppen geeignet
- Informell
- Erschwert die Konzentration auf einen Gesprächsleiter

Runder Tisch
- Demokratisch
- Wenig geeignet
  für Präsentationen

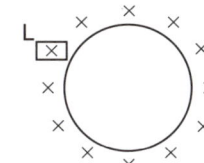

Die Anordnung von Stühlen und Tischen sollte vor jeder Besprechung überlegt und dem jeweiligen Rahmen Ihrer Sitzung angepaßt werden. Handelt es sich um ein Arbeitstreffen, eine Präsentation oder um eine offizielle Konferenz?

4.3   Ausrüstung und technische Geräte

Überprüfen Sie vor Beginn Ihrer Besprechung, ob alle elektrischen Geräte funktionieren. Kümmern Sie sich um Verlängerungskabel, Ersatzbirnen für einen Overheadprojektor und verschiedene Stifte, falls Sie ein Flipchart verwenden.

Die Arbeit mit Laptops

Heutzutage bringen die Teilnehmer häufig schon ihre eigenen Computer zu Besprechungen mit. Mit einer speziellen Software können die Laptops miteinander vernetzt werden. Das ist eine gute Möglichkeit, die Denkprozesse der Gruppe zu kanalisieren und zu disziplinieren, kann sich aber auch zu einer Barriere entwickeln: Wenn alle mit den Augen an ihrem Bildschirm hängen, besteht die Gefahr, daß sie nicht viel zum Gespräch und somit zur Problemlösung beitragen.

4.4 Besonderheit: Telekonferenz

Gewöhnlich sitzen alle Teilnehmer der Besprechung in einem Raum beisammen, doch immer häufiger werden auch Telekonferenzen abgehalten. Durch die Verwendung des Telefons oder von Video- oder Computerverbindungen kann man Zeit und Geld sparen. Die fehlende körperliche Anwesenheit zwingt die Teilnehmer jedoch zu präziseren Formulierungen – und dazu, besonders gut zuzuhören. Im folgenden einige Hinweise, die Ihnen helfen, Telekonferenzen zu leiten:

Disziplin
Achten Sie darauf, daß die Teilnehmer nicht gleichzeitig sprechen. Wertvolle Zeit geht verloren, wenn andere Teilnehmer dem Sprecher ins Wort fallen, weil dann zumindest der letzte Satz umständlich wiederholt werden muß. Telekonferenzen haben ihren eigenen Rhythmus, an den man sich aber gewöhnt.

Namen nennen
Wiederholen Sie vor jedem Beitrag Ihren Namen, vor allem, wenn Sie seit einer Weile nichts mehr gesagt haben. Setzen Sie hinzu, an wen Sie sich wenden und mit wem Sie als nächstes sprechen möchten.

Wortwahl
Da die Teilnehmer nicht im selben Raum sitzen, erhalten ihre Worte besonderes Gewicht. Wählen Sie sie daher mit Bedacht. Ist kein Blickkontakt möglich (z. B. bei Telefonkonferenzen), können Aussagen leicht falsch interpretiert werden.

Transparenz
Bei reinen Telefonkonferenzen sind Verschwörungen Tür und Tor geöffnet: Teilnehmer, die in einem Raum sitzen, können sich Notizen zuschieben, über Gesten kommunizieren und sich durch ihren Gesichtsausdruck über die Ignoranz der Teilnehmer am anderen Ende der Leitung mokieren. Daher müssen Sie unbedingt auf die Einhaltung der Disziplin achten. Einige neigen dazu, sehr offen, vielleicht sogar brüskierend zu sein, wenn der Angesprochene Hunderte von Kilometern entfernt ist.

Präsenz
Sorgen Sie bei Verwendung von Videotechnik dafür, daß jeder Teilnehmer zu sehen ist. „Geisterstimmen" und Hände ohne Körper, die plötzlich ins Bild kommen, sind sehr störend.

Der Besprechungsort muß mit seiner Ausstattung auf die jeweiligen Bedürfnisse der Sitzung zugeschnitten sein:
- *Die technische Ausrüstung (Beleuchtung, Overheadprojektor, Steckdosen etc.) muß reibungslos funktionieren – prüfen Sie im Vorfeld!*
- *Stühle und Tische sollten je nach Zweck Ihrer Besprechung in der entsprechenden Form angeordnet werden.*
- *Bei Telekonferenzen sind spezielle Regeln zu beachten.*

5. Wie wollen Sie die Besprechung leiten?

Wissen Sie, wie Sie die Besprechung eröffnen und schließen werden?   *Seite 54*

Kennen Sie die vier Phasen, die jeder Problemlösung zugrunde liegen?   *Seite 56*

Können Sie mit schwierigen Situationen umgehen (z. B. mit Machtkämpfen oder Groupthink)?   *Seite 62*

In Besprechungen können Sie Ihre Führungsqualitäten besonders unter Beweis stellen. Ein guter Vorsitzender
- achtet darauf, daß die Gruppe sich auf ihre Aufgaben konzentriert
- findet für die Talente jedes Teilnehmers eine Einsatzmöglichkeit
- entwickelt eine Atmosphäre, in der die Teilnehmer als Team denken und arbeiten können.

Eine Gruppe von Menschen hat ein bestimmtes Ausmaß potentieller Energie. Jeder einzelne verbraucht soviel Energie wie nötig, um in der Gruppe zu überleben; der Rest wird auf die anstehende Aufgabe gerichtet.
Je positiver nun die Gruppenatmosphäre ist, desto weniger Energie müssen wir für unser Überleben aufwenden, desto mehr können wir also unserer Aufgabe widmen. Daher sollten Sie als Vorsitzender alles daransetzen, eine Atmosphäre zu schaffen, in der die Teilnehmer sich geborgen fühlen.

5.1   Ihr Führungsstil

Wie Sie das tun, hängt sehr stark davon ab, für welchen Führungsstil Sie sich entscheiden. Einer der Vorwürfe, denen Vorgesetzte sich häufig ausgesetzt sehen, ist der, daß sie zu autokratisch (selbstherrlich, bestimmt) seien. Ebenso häufig wirft man ihnen andererseits vor, es gelänge ihnen nicht, ein Gespräch unter Kontrolle zu behalten!
Viele Besprechungsleiter glauben, daß sie das Meeting in Richtung der Ergebnisse, die sie selbst brauchen, lenken

müßten. Dieses Vorgehen wird aber mit ziemlicher Sicherheit zu einem Fehlschlag führen. Es erweckt nämlich nicht nur Groll und Frustration bei den Teilnehmern, sondern stellt auch Anforderungen an den Vorsitzenden, die er gar nicht erfüllen kann: Er muß in diesem Fall die Verantwortung für den Inhalt des Gesprächs – die zu erledigende Arbeit – und seinen Ablauf übernehmen. Mit anderen Worten: Er muß gleichzeitig Pilot und Fluglotse sein!

Wann eine feste Hand erforderlich ist
Es kann vorkommen, daß Sie hart durchgreifen müssen, zum Beispiel zu Beginn der Besprechung oder bei einer großen, neugebildeten oder undisziplinierten Gruppe. Das Herausstellen Ihrer Position ist auch in einer Krise erforderlich oder wenn bei der Diskussion eine große Anzahl von Themen routinemäßig abgehandelt werden muß. Auch wenn es um einen der folgenden Punkte geht, können Sie bestimmt auftreten:
- Gesundheit und Sicherheit
- Einstellungen, Kündigungen
- Vertraulichkeit.

Wirklich gute Vorgesetzte benutzen ihre Autorität jedoch dazu, die Talente der Teilnehmer freizusetzen.

Ihre Aufgabe als Besprechungsleiter ist es, in der Gruppe eine Atmosphäre zu schaffen, die jeden Teilnehmer zu seiner Höchstform finden läßt.
Durch ein gutes Zusammenspiel der einzelnen wird die Besprechung konkrete Ergebnisse vorweisen können.

5.2 Trennung der Funktionen

Der Schlüssel zur erfolgreichen Besprechungsleitung liegt darin, die drei Verantwortlichkeiten – für die Zielsetzung, den Ablauf und die Protokollführung – voneinander zu trennen und sie in verschiedene Hände zu legen.

Verantwortung abgeben
Die Verantwortung für den Inhalt des Gesprächs – Festlegung der konkreten Ziele, Beurteilung der Fakten, Problemlösung und Entscheidungsfindung – sollten Sie demjenigen Mitglied der Gruppe übertragen, dessen Arbeit von dem jeweils zu besprechenden Punkt am meisten betroffen ist.
Sie, der Vorsitzende, steuern den Ablauf der Besprechung, das heißt, Sie überwachen und lenken die Kommunikation und schaffen die Atmosphäre, die für produktives Denken erforderlich ist.
Die Protokollführung müssen Sie auf jeden Fall delegieren. Sie können die Sitzung nicht effektiv leiten, wenn Sie gleichzeitig ein Protokoll anfertigen. Der Protokollant kann Ihnen auch weitere Aufgaben abnehmen, zum Beispiel die Zusammenfassung am Ende der einzelnen Punkte sowie die Überwachung des Zeitplans.

Bei jeder Besprechung gibt es also folgende Rollenverteilung:
- Der Besprechungsleiter kümmert sich um die Gemeinschaftsziele der Gruppe, gibt vor, welche Denkart die Aufgabe erfordert, schlägt Problemlösungsstrategien vor und lenkt den Gesprächsfluß.

- Der für die betreffende Aufgabe verantwortliche Teilnehmer spezifiziert die Arbeitsziele, konzentriert sich auf die Ergebnisse, beurteilt die Fakten und bewertet den Erfolg.
- Der Protokollant unterstützt den Leiter, hält den Fortgang und die Ergebnisse des Gesprächs schriftlich fest, gibt die erzielten Fortschritte wieder und überwacht die Einhaltung des Zeitplans.
- Die Teilnehmer liefern im Idealfall die erwarteten Vorschläge und Beiträge und helfen dem für die Aufgabe Verantwortlichen dadurch, die Arbeitsziele zu erreichen.

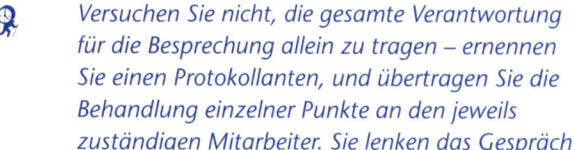

Versuchen Sie nicht, die gesamte Verantwortung für die Besprechung allein zu tragen – ernennen Sie einen Protokollanten, und übertragen Sie die Behandlung einzelner Punkte an den jeweils zuständigen Mitarbeiter. Sie lenken das Gespräch!

5.3   Wie Sie die Besprechung eröffnen

Erläutern Sie am Anfang, was Sie sich von der Sitzung versprechen; die Teilnehmer werden nämlich bessere Leistungen erbringen, wenn sie wissen, was von ihnen erwartet wird. Gehen Sie mit gutem Beispiel voran – wenn Sie selbst sich an Ihre Regeln halten, werden die anderen es Ihnen gleichtun.

- Fangen Sie pünktlich an. Falls Sie es nicht tun, werden beim nächsten Mal garantiert einige Teilnehmer zu spät kommen. Beginnen Sie aber zur festgesetzten Zeit, wird sich das schnell herumsprechen.

- Nennen Sie den Zweck oder das Ziel der Besprechung. Beziehen Sie sich dabei auf die Tagesordnung. Weisen Sie darauf hin, daß es im Interesse der ganzen Gruppe ist, dieses Ziel zu erreichen.

- Informieren Sie die Teilnehmer über die Vorgehensweise und den Zeitplan. Sagen Sie ihnen, wie lange das Meeting dauern wird und wann Pausen vorgesehen sind. Erläutern Sie, welche Beiträge Sie von den einzelnen erwarten und wie Sie das Gespräch leiten wollen.

- Übernehmen Sie die erforderlichen Vorstellungen. Kennen sich alle Anwesenden? Begrüßen Sie Neulinge und entschuldigen Sie die Abwesenden.

- Gehen Sie die Themen der Tagesordnung nacheinander durch. Machen Sie während der Besprechung immer deutlich, welchen Punkt Sie gerade behandeln, und lassen Sie nicht zu, daß Teilnehmer abschweifen.

- Derjenige, der für eine Aufgabe verantwortlich ist, sollte das Arbeitsziel erläutern und darauf eingehen, warum es besprochen wird, wie das Ergebnis aussehen muß und woran die Teilnehmer erkennen können, daß dieses Ziel erreicht wurde. Gegebenenfalls müssen Sie die Aufmerksamkeit der Teilnehmer immer wieder auf diese Ziele, die angestrebten Ergebnisse und die Erfolgskriterien lenken.

Wie Sie die Besprechung eröffnen, bestimmt ihren Verlauf. Stellen Sie zu Beginn die Ziele der Sitzung vor, gehen Sie auf die Tagesordnung ein, und machen Sie deutlich, wer für welche Aufgaben verantwortlich ist.

5.4   Wie Sie den Denkprozeß lenken

Jeder Gedankengang zur Problemlösung läuft in vier Phasen ab. Auch bei den meisten Besprechungen kommen alle vier Phasen vor – oft laufen sie sogar parallel ab! Wenn Sie bewußt auf jede Phase eingehen und Ihren Mitarbeitern bei der Strukturierung ihrer Gedanken helfen, werden Sie gemeinsam eine Lösung der zu besprechenden Probleme finden.

1. Situationsanalyse
In dieser Gesprächsphase gilt es herauszufinden, wie die einzelnen das Ausgangsproblem sehen, welchen Hintergrund es hat und was sie genauer darüber wissen.

Zu den wichtigsten Fragen gehören die folgenden:
- Wie können wir das Problem definieren?
- Wie sehen wir die Dinge? Welche Prioritäten setzen wir?
- Sehen andere die Situation auch so?
- Was ist unser Ziel?
- Wer ist für die Lösung dieses Problems verantwortlich?
- Wie können wir uns gegenseitig verstehen?

Diese erste Gesprächsphase verläuft oft zögerlich und unbeholfen, wird in möglichst kurzer Zeit abgehakt oder ganz übersprungen. Viele Besprechungen versuchen überhastet, zu Lösungen zu kommen, ohne sich erst einmal klarzumachen, wie das Problem überhaupt aussieht! Die Definition des Problems ist jedoch ein ganz entscheidender Schritt.

2. Bewertung

In dieser zweiten Phase geht es darum, wie wir die vorliegenden Informationen sinnvoll deuten und bewerten können. Das Ziel ist, einen Konsens – eine allgemein akzeptierte Sichtweise der Realität – zu erreichen. Das gelingt am besten, indem man die Ansichten der einzelnen Teilnehmer untersucht und miteinander vergleicht.

Es gilt hierbei,
- bewußt zu versuchen, das Problem von einem anderen Standpunkt aus zu sehen
- nach anderen Ansichten zu fragen
- zwischen Interpretation und den Fakten zu unterscheiden
- nacheinander jeweils ein Element der Situation zu isolieren und sich darauf zu konzentrieren
- die einzelnen Elemente anschließend zu einem Gesamtbild zusammenzufügen.

Diesen Gesprächsteil müssen Sie besonders sorgfältig lenken, denn er kann leicht in eine Konfrontation umschlagen: Den meisten Auseinandersetzungen liegen unterschiedliche Versionen der Realität zugrunde. Die Teilnehmer müssen wissen, daß neue Sichtweisen erwünscht sind, daß sie also spekulieren und unausgereifte Ideen aussprechen dürfen. Daher dürfen Sie keine Urteile zulassen und sollten Kritik möglichst ausschalten. Achten Sie vor allem auf die Worte „richtig" oder „falsch". Ansichten sind nämlich oft weder das eine noch das andere – sie können von einem bestimmten Standpunkt aus angebracht sein, von einem anderen aus gesehen aber eher unzutreffend wirken.

Machen Sie klar, daß in dieser Gesprächsphase keine Beschlüsse gefaßt werden, also niemand auf irgendwelche Handlungen festgelegt wird. Weisen Sie außerdem darauf hin, daß Gefühlsausbrüche unerwünscht sind.

3. Erarbeiten möglicher Lösungen

Diese Phase will – ausgehend von der Auffassung, auf die die Gruppe sich geeinigt hat – Lösungswege aufzeigen. Viele gute Ideen, die bei Besprechungen geboren werden, werden nie umgesetzt, weil kein Weg dorthin abgesteckt wird.

Konkret geht es um die Bedingungen, die einen Erfolg ermöglichen und ihn meßbar machen: Ziele, wichtige Zwischenstationen, Hindernisse, Erfolgskriterien. Das ursprüngliche Ziel dürfen Sie dabei natürlich nie aus den Augen verlieren. Meist plant man von dem Punkt aus, an dem man steht, in die Zukunft hinein. Der Lösungsprozeß gestaltet sich aber viel spannender und stimulierender, wenn man sich in die Zukunft hineinversetzt, in der das Ziel bereits erreicht worden ist, und von dort aus rückwärts plant.

In dieser Gesprächsphase müssen folgende Fragen beantwortet werden:
- Wo besteht Handlungsbedarf?
- Auf welchen Ansichten können wir aufbauen?
- Woran werden wir erkennen können, daß wir unser Ziel erreicht haben?
- Was müssen wir tun, damit das gelingt?
- Wer wäre sonst noch davon betroffen?
- Wie sieht die Zukunft aus?
- Wie können wir unseren Weg dorthin planen?

4. Aktionen

Um die möglichen Lösungen in Handlungen umzusetzen, reicht es nicht, sich auf einen bestimmten Weg zu einigen – ebenso wichtig ist es, ein Versprechen abzulegen, eine Handlungsverpflichtung.

Bitten statt befehlen

Ein Gespräch, bei dem es um Aktionen geht, ist ein dynamischer Prozeß zwischen Bitten und Versprechen. Ich bitte Sie, etwas bis zu einem bestimmten Zeitpunkt zu erledigen, und mache klar, daß es sich dabei nicht um einen Befehl handelt.

Befehle können zwar zu sofortigen Ergebnissen führen, man erreicht mit ihnen aber meist nur das Minimum und beim nächsten Mal vielleicht gar nichts. Auf meine Bitte können Sie auf vier verschiedene Weisen reagieren: Sie können sich einverstanden erklären, ablehnen, Ihre Entscheidung vertagen („Ich werde Ihnen bis zum ... Bescheid geben") oder ein Gegenangebot machen („Nein, aber ich könnte etwas anderes für Sie tun: ..."). Das Gespräch wird jedoch höchstwahrscheinlich zu einem Ergebnis führen: „Bis zum ... werde ich dies und das für Sie erledigen!"

Die Reihenfolge ist wichtig

Diese vier Gesprächsphasen müssen in der aufgeführten Reihenfolge durchlaufen werden. Wird eine von ihnen nicht abgeschlossen, so wird auch die nächste nicht zufriedenstellend verlaufen. Aus nicht ausdiskutierten Aspekten der Situationsanalyse können sich unterschiedliche Erwartungen entwickeln. Manche Teilnehmer könnten das Gefühl haben, daß wichtige Informationen nicht beachtet werden, damit die bevorzugte Auffassung durchgedrückt werden kann. Nicht erforschte Ansichten wiederum können zu verpaßten Gelegenheiten werden.

Jeder systematische Denkprozeß läuft in vier Phasen ab: Analyse der Situation, Bewertung dieser Fakten, Erarbeiten möglicher Lösungen hinsichtlich des Ziels und schließlich das Festlegen entsprechender Maßnahmen. Wenn Ihre Besprechung nicht zu echten Handlungsverpflichtungen führt, müssen Sie sich fragen, ob eine der vorhergehenden Gesprächsphasen vorzeitig abgebrochen worden ist.

5.5   Wie Sie mit Konflikten umgehen

Bei vielen Besprechungen kommt es zu gegenseitigen Vorwürfen. Sie sind diesen Feindseligkeiten keineswegs machtlos ausgeliefert; um gut mit ihnen fertig werden zu können, müssen Sie sich allerdings von ihnen distanzieren. Versuchen Sie der Ursache des Problems auf den Grund zu gehen. Manchmal liegt sie klar auf der Hand: Unsicherheit in Zeiten großer Veränderungen, Streß, neu etablierte Arbeitsbeziehungen oder Druck von oben. Feindseligkeit ist häufig ein Zeichen für Ohnmacht. Deshalb richtet Wut sich so oft gegen das, was „sie" – die Abteilungsleiter, „unfähige" Kollegen, die für den Zusammenbruch des Computersystems verantwortlich sind, Techniker oder Verkäufer, die man nie im Büro antrifft ... – getan haben.

Das Positive stärken

Auf solche Fälle negativer Ressentiments müssen Sie vorbereitet sein. Setzen Sie sich ein Hauptziel, das über allen anderen Zielen steht: die Gruppe in die Lage zu versetzen, ihre Aufgabe zu erfüllen. Sie müssen die Gedanken der Teilnehmer auf das lenken, was sie tun können – nur so können Sie ihre Energie in zielgerichtete Aktivität verwandeln. Halten Sie sich dabei an folgende Grundsätze:

- Verweisen Sie schon am Anfang deutlich auf das Ziel der Besprechung. Motivieren Sie die Teilnehmer, indem Sie erläutern, inwiefern ihre Ausführungen und Bemerkungen für dieses Ziel relevant sind.
- Denken Sie daran, daß Sie die Aufgabe haben, das Gespräch zu lenken. Lassen Sie sich auf keinen Fall in Emotionen hineinziehen!
- Bremsen Sie das Gespräch. Lassen Sie sich nicht vom Tonfall oder dem Sprechtempo anderer mitreißen. Unterbrechen Sie niemanden, schneiden Sie niemandem das Wort ab.
- Fassen Sie die Ausführungen der Teilnehmer zusammen. Verwandeln Sie Probleme in Fragen, die mit „Wie könnten wir ..." anfangen, und lenken Sie den Denkprozeß auf die möglichen Handlungen.
- Lassen Sie nicht zu, daß die Teilnehmer über Abwesende sprechen. Weisen Sie notfalls immer wieder darauf hin, daß „sie" ja nicht da sind, die Teilnehmer aber schon, und daß nur sie die gesetzten Ziele in Angriff nehmen können.

5.6   Wie Sie schwierige Situationen meistern

Ihre Aufgabe als Besprechungsleiter ist es, alle Situationen zu erkennen und zu entschärfen, die eine gute Zusammenarbeit in der Gruppe beeinträchtigen könnten.

Geheime Tagesordnungen
Wir alle bringen unsere persönliche Tagesordnung zu Besprechungen mit. Diese individuellen Vorstellungen, wie das Meeting ablaufen sollte, richten Schaden an, wenn sie im Widerspruch zur offiziellen Tagesordnung stehen.

Dem Besprechungsziel förderlich können folgende persönliche Wünsche sein:
- das Meeting als eine Investition für die eigene Karriere zu betrachten
- dem Vorsitzenden zu helfen, es zu einem Erfolg zu machen
- die Gruppe zu stärken
- andere Teilnehmer zu unterstützen.

Auf schlechten persönlichen Tagesordnungen können hingegen die folgenden Punkte stehen:
- ein anderes Thema zur Sprache bringen zu wollen
- die eigene Machtposition zu stärken
- seiner Frustration Luft zu machen
- einen Konkurrenten in Mißkredit zu bringen
- die Autorität des Vorsitzenden zu untergraben
- auf Kosten anderer Pluspunkte zu sammeln
- zu zeigen, wie überlastet man selbst ist.

Auf die Existenz geheimer Tagesordnungen können folgende Anzeichen hinweisen: „Mauern" („Mir bleibt leider keine andere Wahl!"); Verzögerungen; nicht eingehaltene Zusagen; die unverblümte Weigerung, etwas zu tun; Angriffe (gegen alles und jeden: Beleidigungen, Abkanzelungen, Einschüchterung) und Winkelzüge (abstreiten, daß man etwas gesagt habe; Argumente verdrehen, mehrdeutige Aussagen). Falls es Ihnen gelingt, der Angst, die die Ursache für derartiges Verhalten ist, auf die Spur zu kommen, können Sie die geheime Tagesordnung möglicherweise ausschalten, indem Sie dieser Angst die Grundlage entziehen. Andernfalls kann es hilfreich sein, zu zeigen, daß Sie die Taktik durchschauen – das könnte den Betreffenden dazu bringen, sein Verhalten zu ändern.

Machtkämpfe

Es ist gar nicht selten, daß verbale Rangeleien zwischen den Teilnehmern auftreten, es kann sogar zu ernsthafteren Komplikationen wie einer Verschwörung kommen. In einem solchen Fall haben alle Teilnehmer die Pflicht, dieser Entwicklung gegenzusteuern. Verweisen Sie auf die Tagesordnung, und fragen Sie nach der Relevanz von Bemerkungen, die offensichtlich nur gemacht werden, um Machtverhältnisse zu demonstrieren. Durch Appelle an die Solidarität der Gruppe läßt sich das Problem gewöhnlich zumindest vorübergehend lösen.

Versteckte Machtkämpfe sind meist ein Hinweis darauf, daß ein wichtiges Thema angesprochen werden muß. Versuchen Sie herauszufinden, worum es sich dabei handelt, und überlegen Sie sich, wie Sie am besten vorgehen können. Manager der höheren Ebenen neigen

besonders dazu, Besprechungen, bei denen ein Rang-
niedrigerer den Vorsitz führt, an sich zu reißen. Der
Vorsitzende muß in diesem Fall alles daransetzen, seine
Autorität aufrechtzuerhalten.

*Besprechungen scheitern immer wieder an den folgen-
den drei Punkten: an Konflikten und Machtkämpfen
innerhalb der Gruppe oder am Bestreben einzelner,
eine persönliche Tagesordnung durchzusetzen. Versuchen Sie die Gruppe so zu lenken, daß sie die Ziele
der Sitzung erreicht; Sie können auch Ihre Autorität
als Besprechungsleiter spielen lassen.*

Groupthink

Unter Groupthink (Gruppendenken, eigentlich „Grup-
pendenk") versteht man den Drang, um jeden Preis
Konsens zu erreichen. In Zeiten voller Streß – oder
großen Erfolgs – kann eine Gruppe versuchen, jede Idee
zu unterdrücken, die ihre Identität bedroht. Die Mitglieder fangen dann an, Gedanken, die die anderen für
abweichlerisch halten könnten, selbst zu zensieren.

Dieses negative Gruppendenken läßt sich an folgenden
Symptomen erkennen:
- (trügerisches) Gefühl der Unverwundbarkeit
- selbsternannte „Gruppenwächter", die jede abweichende Meinung sofort unterdrücken
- (offener oder versteckter) Druck bei Abweichungen
von der Norm
- Selbstzensur von Ideen oder Verhaltensformen
durch die Mitglieder der Gruppe

- Gefühl der Einmütigkeit: Schweigen wird als Zu-
  stimmung gedeutet
- Selbstgerechtigkeit: Überzeugung von der eigenen
  Rechtschaffenheit.

Zur Bekämpfung von Groupthink sind folgende Maßnahmen geeignet:

- Gehen Sie gegen das Gefühl vor, daß Entscheidungen
  im Kollektiv gefällt werden müssen; ernennen Sie
  einzelne Entscheidungsträger.
- Stützen Sie von der Gruppenmeinung abweichende
  Ansichten systematisch, sofern sie im Hinblick auf
  Ihr Ziel sinnvoll sein könnten.
- Gehen Sie bei Unstimmigkeiten diszipliniert vor.
- Bitten Sie neue Teilnehmer hinzu, um die starren
  Strukturen aufzubrechen.
- Sorgen Sie dafür, daß die für die einzelnen Aufgaben
  verantwortlichen Teammitglieder sich nicht gegen
  eine kritische Überprüfung ihrer Urteile wenden.

5.7 Wie Sie die Besprechung schließen

Ein Meeting gut zu beenden ist ebenso wichtig wie ein
gelungener Anfang. Alle Beteiligten müssen wissen, was
nach der Sitzung geschehen wird und wer dafür verantwortlich ist. Delegieren Sie so viele Aufgaben wie
möglich. Achten Sie aber darauf, daß sich niemand – das
gilt auch für Sie selbst! – mehr Arbeit auflädt, als er
bewältigen kann.

Erläutern Sie genau, auf welche Aktionen Sie sich geeinigt haben. Bleibt ein Punkt konturlos, wissen die Verantwortlichen nicht, was sie tun sollen, oder versuchen, sich vor ihren Aufgaben zu drücken. Jeder Aktion sollten ein Name – derjenige, der für ihre Durchführung verantwortlich ist – und ein fester Termin, bis zu dem sie zu erledigen ist, zugeordnet werden.

Außerdem muß allen klar sein, woran sie erkennen können, daß eine vereinbarte Aufgabe tatsächlich erledigt wurde. Daher müssen die einzelnen Aktionen
- präzise umrissen
- meßbar
- mit dem Verantwortlichen abgestimmt
- realistisch
- und zeitlich fixiert sein.

Schließlich müssen die für die einzelnen Aktionen verantwortlichen Teammitglieder das Gefühl haben oder bekommen, daß sie ihre Aufgabe wirklich erfüllen können. Machen Sie deutlich, daß Sie ihnen jede nur mögliche Unterstützung und alle eventuell erforderlichen Erklärungen geben, ihnen jederzeit für Beratungen zur Verfügung stehen und die Übertragung der Aufgaben an sie allgemein bekanntmachen werden.

Eindeutige Aufgabenstellung ist wichtig
Halten Sie die gefaßten Beschlüsse und die geplanten Aktionen schriftlich fest. Fertigen Sie außerdem ein Übersichtsblatt an, auf dem die Aktionen aufgelistet werden und das zusammen mit dem Protokoll – oder sogar schon vorher – verteilt wird. Vergessen Sie nicht,

gegebenenfalls Kontakt zu denjenigen aufzunehmen, die von einzelnen Aktionen betroffen sein könnten, auch wenn sie nicht an der Besprechung teilgenommen haben.

Die Sätze zum Abschluß Ihrer Besprechung sollten optimistisch und auf die Zukunft ausgerichtet sein – und kurz!

- Fassen Sie zusammen, was beschlossen wurde, und geben Sie einen Ausblick auf die Zukunft.
- Fragen Sie den Protokollanten, ob er alle für seine Mitschrift nötigen Informationen hat.
- Setzen Sie gegebenenfalls Zeit und Ort für das nächste Meeting fest.
- Heben Sie die Leistungen der Besprechung hervor.
- Danken Sie allen Teilnehmern für ihr Kommen und ihre Beiträge.

Ein guter Besprechungsleiter führt die Gruppe zu *konkreten Ergebnissen, ohne dabei autoritär zu sein. Folgende Qualitäten zeichnen ihn aus:*
- *Er definiert eindeutig die Aufgaben und faßt am Ende der Sitzung zusammen, wer für welche Aktionen zuständig ist.*
- *Er überträgt verschiedenen Teilnehmern die Verantwortung für Protokollführung, das Erreichen von Einzelzielen und für die Besprechungsleitung.*
- *Er unterstützt das Gemeinschaftsgefühl und hilft der Gruppe, mit Konflikten und Machtkämpfen fertig zu werden.*

6. Erfolgreiche Kommunikationstechniken

Kennen Sie die häufigsten Formen der Konfrontation, und können Sie mit ihnen umgehen?

Seite 69

Ist Ihnen bewußt, wie wichtig richtiges Zuhören für den Erfolg Ihrer Besprechung ist? *Seite 70*

Wissen Sie, wie Sie das Gespräch gliedern? *Seite 77*

Nichts schadet den Denkprozessen bei Besprechungen so wie auf Konfrontation ausgerichtetes Denken, das aber trotzdem bei vielen hoch im Kurs steht. Manager, die ihre Ideen verteidigen und aggressive Kritik abwehren können, werden zu Helden hochstilisiert; nicht wenige werden aufgrund ihrer „Durchsetzungsfähigkeit" sogar befördert. Diese Form des Denkens mündet aber leicht in einen bloßen Austausch der Argumente und Gegenargumente, der nur schwer zu beenden ist.

6.1   Konfrontationen vermeiden

Wenn Sie die Denkqualität in Ihrer Sitzung verbessern wollen, müssen Sie diesen Kreis durchbrechen. Dazu eignen sich verschiedene Vorgehensweisen:

- Um Kritikdenken auszuhebeln, können Sie gezielt nach positiven Reaktionen auf eine Idee fragen: „Welche Vorteile hat das?"
- Um Ego-Denken (dem übermäßigen Verteidigen eigener Ideen) den Boden zu entziehen, können Sie Beweise für die vorgebrachten Meinungen verlangen. Fragen Sie: „Unter welchen Umständen?" Fordern Sie die Betreffenden auf, zu erläutern, inwiefern ihre Bemerkungen für die Ziele relevant sind.
- Zur Abwehr von politischem Denken (jemand identifiziert sich vollkommen mit seiner Idee) können Sie die ganze Gruppe bitten, systematisch zu denken. Fragen Sie zuerst nach positiven Reaktionen. Regen Sie die Gruppe zu einer Analyse der Stärken, Schwächen, Möglichkeiten und Gefahren der einzelnen Ideen an.

- Starrem Denken können Sie durch die Frage „Wenn nun aber ...?" begegnen. Untersuchen Sie ganz bewußt die Annahmen, die hinter den Ideen stehen, und hinterfragen Sie sie. Wie würde die Sache aus einem ganz anderen Blickwinkel aussehen? Stellen Sie die Ideen auf den Kopf, und warten Sie ab, was dann passiert.

Ein reger Gedankenaustausch, der nicht in vorgefertigten Bahnen verläuft, ist wichtig, damit in einer Besprechung gute Ergebnisse erzielt werden können. Durchbrechen Sie gezielt gewohnte Denkmuster, und hebeln Sie auf Konfrontation gerichtetes Denken aus.

6.2 Die Kunst des Zuhörens

Gespräche sind Tänze mit Worten. Wie bei jedem Tanz gibt es auch hier Regeln und Standardbewegungen. Sie ermöglichen es den Beteiligten, zu tanzen, ohne sich dabei gegenseitig auf die Füße zu treten. Manche dieser Regeln kennen wir, ohne daß man sie uns explizit erklärt hätte; andere müssen, vor allem bei Gruppengesprächen, in allen Einzelheiten festgelegt und durchgeprobt werden. Gespräche sind ein dynamischer Prozeß, und während des Gesprächs ist jeder Teilnehmer gleichzeitig Sprecher und Zuhörer.

Anzeichen für schlechtes Zuhören

Die Qualität eines Gesprächs hängt entscheidend von der Qualität des Zuhörens ab. Die Zuhörer steuern das Verhalten des Sprechers durch ihr eigenes: durch ihre

Körperhaltung, indem sie Blickkontakt halten oder ihn unterbrechen, nicken oder den Kopf schütteln, sich Notizen machen oder Männchen malen und so weiter. Wenn wir selbst sprechen, zeigen wir ebenfalls, ob wir gut zugehört haben. Achten Sie – auch bei sich selbst! – auf Anzeichen für schlechtes Zuhören, die sich folgendermaßen ausdrücken können:

- Man antwortet nur auf einen Teil des Gesagten.
- Man lehnt eine Idee ohne Begründung ab.
- Man unterbricht das Gespräch.
- Man verwendet eine emotionsgeladene Sprache.
- Man führt gleichzeitig ein anderes Gespräch.

Inneres und äußeres Gespräch

Für die Teilnehmer besteht jedes Gespräch aus zwei Teilen: dem äußeren (tatsächlich gesprochenen) und dem inneren (das in ihren Köpfen abläuft). Das innere Gespräch sollte beim Vorsitzenden besonders stark ausgeprägt sein. Während wir uns am äußeren Gespräch beteiligen, können wir unser inneres nutzen, um

- Lösungen für Probleme vorzuschlagen
- zu beurteilen, was der Sprecher sagt
- uns auf einen Teil dessen, was er sagt, zu konzentrieren
- die Vorschläge mit eigenen Ideen zu vergleichen
- den nächsten Zug des Gesprächs zu planen
- uns zu fragen, was in der Gruppe vor sich geht.

Das innere Gespräch darf selbstverständlich aber nicht dominant werden, wir müssen dem Vortragenden wirklich zuhören. Idealerweise steuern wir das innere Gespräch so, daß wir uns quasi Notizen von unseren Gedanken machen und diese „beiseite legen". Auf diese

Überlegungen greifen wir zurück, wenn wir unsere Gedanken in der Runde äußern.

Die zehn Gebote für gutes Zuhören

1. Hören Sie auf, sich zu unterhalten. Wenn Sie sprechen, können Sie nicht zuhören.

2. Zeigen Sie Interesse: Halten Sie Blickkontakt – und rechnen Sie damit, daß der Sprecher das nicht tut. Beugen Sie sich vor, nicken Sie, um zu bestätigen, daß Sie den Sprecher verstanden haben. Stellen Sie Fragen. Machen Sie sich Notizen. Vermeiden Sie aber Herumkritzeln oder -spielen, Scharren mit den Füßen oder Spaziergänge mit den Augen!

3. Unterbrechen Sie den Sprecher nicht: Fallen Sie dem Redner nicht ins Wort. Versuchen Sie nicht, Sätze für ihn zu Ende zu führen. Sorgen Sie dafür, daß er auch von den anderen nicht unterbrochen wird.

4. Versetzen Sie sich in den Sprecher hinein: Stellen Sie sich vor, daß Sie an seiner Stelle wären, sich mit seinen Schwierigkeiten konfrontiert sähen. Wie wird er Sie oder den Rest der Gruppe wohl sehen? Korrigieren Sie eventuell Ihr Verhalten.

5. Hören Sie auf Ihre innere Stimme: Wie wirken auf Sie die Körpersprache des Sprechers, sein Tonfall, sein Blickkontakt? Überprüfen Sie Ihren Eindruck durch Fragen, die Sie ruhig ganz ehrlich einleiten können: „Meine Intuition sagt mir, daß ...; dafür habe ich zwar keine echten Beweise, aber ...“ Gehen Sie mit derlei Vermutungen allerdings vorsichtig um.

6. Greifen Sie kreative Anregungen auf: Notieren Sie sich die Ideen, auf die Sie gern eingehen würden.

7. Stärken Sie dem Sprecher den Rücken: Zeigen Sie ihm, daß Ihnen daran liegt, daß er weiterspricht. Verzichten Sie auf Widerspruch, Kritik oder Urteile, die in der Sache nicht weiterführen.

8. Überprüfen Sie, ob Sie alles richtig verstanden haben: Wiederholen Sie zu einem geeigneten Zeitpunkt, was der Sprecher bis dahin gesagt hat. Versuchen Sie, dabei in seiner Sprache zu bleiben, seine Sätze aber umzuformulieren.

9. Stellen Sie die Frage: „Was bringt uns das?" – zu welchen Punkten können Sie etwas ergänzen, auf welchen können Sie aufbauen, welche weiterentwickeln? Sagen Sie oft: „Ja, und ...", vermeiden Sie: „Ja, aber ...!"

10. Hören Sie auf, sich zu unterhalten: Das ist das erste und letzte Gebot. Dieser Grundsatz bestimmt entscheidend den Erfolg einer Besprechung.

Zuhören bedeutet nicht, sich selbst ganz passiv zu verhalten und alles anzunehmen, was gesagt wird. Gutes Zuhören zeichnet sich dadurch aus, daß man sich auf die Aussagen des Sprechers konzentriert und auf einzelne Punkte konstruktiv eingeht. So fördert man das Gespräch im Hinblick auf die erwünschten Ziele.

6.3   Die Kunst des Fragens

Es gibt drei sprachliche Mittel, die Ihnen helfen können, besser zuzuhören: Fragen, Feststellungen und Zusammenfassungen. Bei Besprechungen werden meist nicht genug Fragen gestellt. Viele Organisationskulturen bewerten Bestimmtheit und Entschlossenheit nämlich höher als Unsicherheit und Zweifel, und eine Frage zu stellen kann als Zeichen von Unwissenheit oder Schwäche gedeutet werden. Doch Fragen sind wohl das wirkungsvollste Mittel, um unser Denken zu verbessern. Sie ermöglichen es uns,

- die Denkweise anderer zu verstehen
- andere dazu aufzufordern, unsere eigene Denkweise zu ergründen
- unsere Denkweise für andere deutlich zu machen.

Außerdem können wir mit Hilfe von Fragen den Gesprächsprozeß in der Hand behalten und lenken. Mit Fragen können wir

- die Richtung eines Gesprächs ändern
- einzelne Phasen abschließen
- ein Gespräch, das sich festgefahren hat, wieder in Gang bringen
- die Aufmerksamkeit auf einen bestimmten Punkt lenken
- das Gespräch ausweiten, so daß alle Teilnehmer einen größeren Blickwinkel gewinnen
- Abschweifungen verhindern
- auch die ruhigeren Mitglieder der Gruppe dazu bringen, etwas beizutragen.

Indem wir Fragen stellen, können wir das Gleichgewicht zwischen Sprechen und Zuhören wiederherstellen.

Die wichtigsten Frageformen

GESCHLOSSENE FRAGE: „Können Sie ...? Würden Sie ...? Ist es ...? Glauben Sie, daß ...?"

- Um ein Ja oder Nein als Antwort zu bekommen
- Um Tatsachen aufzudecken oder festzuhalten
- Um Abschweifungen zu unterbinden
- Um zu überprüfen, ob alle den Sprecher richtig verstanden haben

OFFENE FRAGE: „Warum/Wer/Was/Wann/Wo/Wie ...?"

- Um einem Ja oder Nein aus dem Weg zu gehen
- Um die Diskussion zu eröffnen oder auszuweiten
- Um zu Beiträgen anzuregen
- Um auf nichtdirektive Weise Informationen zu erhalten
- Um den Teilnehmern außer Informationen auch Ideen zu entlocken

KOLLEKTIVFRAGE: „Was halten wir von ...? Wie stehen wir zu ...?"

- Um die ganze Gruppe anzusprechen
- Um keine Verlegenheit aufkommen zu lassen
- Um neue Sprecher zu Reaktionen anzuregen
- Um einen Standpunkt deutlich zu machen, ohne die Unparteilichkeit aufzugeben

ZURÜCKGEGEBENE FRAGE: „Ihrer Ansicht nach ist das also ...?"

- um eine Frage an den Sprecher zurückzugeben
- um den Sprecher aufzufordern, seine Ausführungen auszuweiten oder einzuschränken

GEZIELTE FRAGE: „An/Bei welchem Punkt ...? Wo genau ...?"

- Um die Diskussion zu lenken
- Um Abschweifungen zu verhindern
- Um Fachkenntnisse zu erfragen
- Um jemanden in die Diskussion einzubeziehen
- Um die Aufmerksamkeit auf einen bestimmten Punkt zu lenken und die Diskussion zu beschleunigen
- Um über einen Leerlauf hinwegzukommen

WEITERLEITENDE FRAGE: „Danke, Herr X. Frau Y, was halten Sie davon?"

- Um von einem Sprecher auf den nächsten über- zuleiten
- Um Ideen zu vergleichen
- Um den Gesprächsfluß nicht versiegen zu lassen

Fragen sind ein wichtiges Mittel, um ein Gespräch zu lenken. Mit ihnen kann man z. B. Unklarheiten ausräumen, Standpunkte erfragen, neue Gesichtspunkte einbringen oder stillere Teilnehmer ins Gespräch einbeziehen.

6.4   Die Gliederung des Gesprächs

Feststellungen sind nützlich, um den Zweck, die Ziele und den Umfang des Gesprächs zu definieren. Während der Besprechung eines bestimmten Punkts können Feststellungen benutzt werden, um zu informieren, Konflikte oder Mißverständnisse auszuräumen, die Stimmung in der Gruppe auszuloten oder die Diskussion anzuregen oder neu zu beleben.

Durch eine Zusammenfassung kann man den Denkprozeß der Gruppe lenken; festhalten, was bisher erreicht wurde, sowie die verschiedenen Phasen des Denkprozesses kennzeichnen.

Zwischenzusammenfassungen
Steuern Sie die Beiträge der einzelnen Sprecher, indem Sie sie zusammenfassen, vor allem, wenn die Betreffenden abschweifen oder sich wiederholen. Außerdem können Sie dadurch einen Teil des Gesprächs zum Abschluß bringen oder ihm neue Energie verleihen.

Zusammenfassungen einzelner Punkte
Indem Sie die Ergebnisse zu einzelnen Tagesordnungspunkten zusammenfassen, können Sie die erreichte Einigung besiegeln und herausstellen, welche Maßnahmen ergriffen werden sollen. Diese Zusammenfassung überträgt man am besten dem Protokollanten; so bekommt auch er die Gelegenheit, etwas zu sagen, die Bedeutung seiner Funktion wird herausgestrichen, und er kann die Richtigkeit seiner Notizen überprüfen.

Zusammenfassung der Besprechung

Durch eine kurze Zusammenfassung bringen Sie den Teilnehmern unzweifelhaft ins Gedächtnis, was sie erreicht haben und wie das weitere Vorgehen aussehen soll. Wählen Sie positive Formulierungen, um das Meeting in positiver Stimmung zu beenden.

Mit gezielt eingesetzten Kommunikationstechniken können Sie die Besprechung so lenken, daß die Teilnehmer schneller zu konkreten Ergebnissen kommen.

- *Grundlage dafür ist, daß jeder wirklich zuhört.*
- *Mit verschiedenen Frageformen und Zusammenfassungen unterstützen Sie den Denkprozeß der Gruppe.*
- *Auf Konfrontation gerichtetes Denken können Sie ausschalten, indem Sie der entsprechenden Argumentation auf den Grund gehen und die wirklichen Beweggründe für derartiges Verhalten ausschalten.*

Register

In derselben Reihe
sind bereits erschienen:

 Neil Barrett:
30 Minuten für den Einstieg ins Internet

ISBN 3-930799-85-5

 John Westwood:
30 Minuten für den erfolgssicheren Marketingplan

ISBN 3-930799-84-7

 Jane Smith:
30 Minuten für die richtige Entscheidung

ISBN 3-930799-82-0

 Elizabeth Tierney:
30 Minuten für erfolgreiche Kommunikation

ISBN 3-930799-83-9

 Patrick Forsyth:
30 Minuten bis zur überzeugenden Präsentation

ISBN 3-930799-81-2

Jeder Band:
DM 9,80 / öS 72 / sFR 9,80

Weitere Titel sind in Vorbereitung. Fragen Sie in Ihrer Buchhandlung, oder fordern Sie einen Verlagsprospekt an:

GABAL Verlag,
Schumannstraße 161, 63069 Offenbach
Tel.: 0 69/84 00 03 - 22; Fax: 0 69/84 00 03 - 33